日子国・倭国・日本
記紀の大和王朝はなかった

吉田　舜

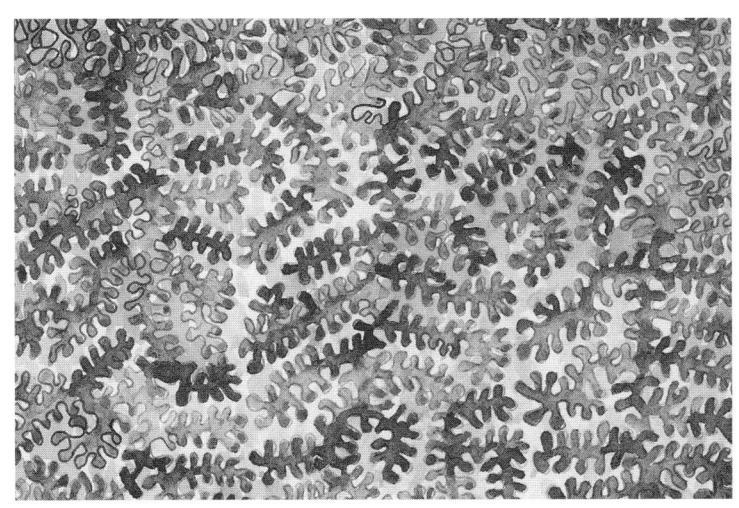

海鳥社

挿画＝吉田　邑

目　次

Ⅰ 『旧唐書倭国日本伝』と倭国の滅亡

 1 『旧唐書倭国日本伝』と倭国の滅亡・・・・・・・・・・・・・・・・ 8
 2 遣唐使の中国と日本の記録の対比・・・・・・・・・・・・・・・・ 27
 3 推古の遣唐使と『隋書俀国伝』との対比・・・・・・・・・・ 34
 4 『万葉集』の地名の相関・・・・・・・・・・・・・・・・・・・・・・・・ 45
 5 結　び・・ 54

Ⅱ 倭国の国造・部民制・屯倉制についての一考察

緒　言・・ 58
 1 神武東征の論功行賞・・・・・・・・・・・・・・・・・・・・・・・・・・・・ 59
 2 日子・別・宿禰名称・・・・・・・・・・・・・・・・・・・・・・・・・・・・ 60
 3 始祖・遠祖と天武時代の姓・・・・・・・・・・・・・・・・・・・・・・ 67
 4 『日本書紀』の屯倉・・・・・・・・・・・・・・・・・・・・・・・・・・・・ 70
 5 結　び・・ 79

Ⅲ 『延喜式神名帳』の中の銅鐸神社

 1 『古事記』・『風土記』の日子名称・・・・・・・・・・・・・・・・ 94
 2 『延喜式神名帳』の中の銅鐸神社名・・・・・・・・・・・・・・ 95
 3 各神社名の考察・・・・・・・・・・・・・・・・・・・・・・・・・・・・・・・ 97
 4 結　び・・・・・・・・・・・・・・・・・・・・・・・・・・・・・・・・・・・・・・・ 108

Ⅳ　記紀の神話の比較

1　記紀の神話の比較・・・・・・・・・・・・・・・・・・・・・・・・・・・・・・・120
2　記紀神話の各段の登場神の比較・・・・・・・・・・・・・・・・・・122
3　まとめ・・143

Ⅴ　伊邪那美神は「いさな（鯨）見」神である

1　「き」と「み」の神・・・・・・・・・・・・・・・・・・・・・・・・・・・・・152
2　「み」の神々の解釈・・・・・・・・・・・・・・・・・・・・・・・・・・・・153
3　『出雲風土記』の中の伊弉奈枳と伊弉那彌命・・・・・・・157
4　伊邪那美神・・・・・・・・・・・・・・・・・・・・・・・・・・・・・・・・・・・159
5　比売の美称がない女神・・・・・・・・・・・・・・・・・・・・・・・・161
6　結　び・・・・・・・・・・・・・・・・・・・・・・・・・・・・・・・・・・・・・・・164

＊　　＊　　＊

古代史短歌――日子国・倭国・日本・・・・・・・・・・・・・・［巻末1-20］

I 『旧唐書倭国日本伝』と倭国の滅亡

1 『旧唐書倭国日本伝』と倭国の滅亡

『旧唐書倭国日本伝』の記録

　『旧唐書倭国日本伝』の貞観5年（631）から長安3年（703）までの記録と『日本書紀』の記録を対比すると次の通りである。

①　貞観五年、使を遣わして方物を献ず。太宗その道の遠きを矜れみ、所司に勅して歳ごとに貢せしむるなし。また新州の刺使高表仁を遣わし、節を持して往いてこれを撫せしむ。表仁、綏遠の才なく、王子と礼を争い、朝命を宣べずして還る。

　　※貞観5年は舒明3年（631）に当たる。

　舒明二年八月五日に、大仁犬上君三田耜・大仁薬師恵日を以て、大唐に遣わす。

　舒明四年の秋八月に、大唐、高表仁を遣して、三田耜を送らしむ。共に対馬に泊れり。この時に、学問僧霊雲・僧旻及び勝鳥養、新羅の送使等、従たり。

　冬十月の四日に、唐国の使人高表仁等、難波津に泊れり。即ち大伴連馬養を遣わして、江口に迎へしむ。船三十二艘及び鼓・吹・旗幟、皆具に整飾へり。即ち高表仁等に告げて曰く、「天子の命のたまえる使、天皇の朝に到れりと聞きて迎へしむ」という。時に高表仁対へて曰さく、「風寒じき日に船艘を飾整ひて、迎へ賜ふこと、歓び愧る」ともうす。是に、難波吉士小槻・大河内直矢伏に令して導者として、館の前に到らしむ。即ち伊岐史乙等・難波吉士八牛を遣わして、客等を引て館に入らしむ。その日に神酒を給う。

　五年の春正月二十六日に、大唐の客高表仁等国に帰りぬ。送使吉士雄摩呂・黒麻呂等、対馬に到りて還りぬ。

②　貞観二十二年に至り、また新羅に附し表を奉じて、以て起居を通ず。

　日本国は倭国の別種なり。其の国日辺にあるを以て、故に日本を以て

名となす。あるいはいう。倭国自らその名の雅ならざるを悪(にく)み、改めて日本となすと。あるいはいう、日本は旧(もと)小国、倭国の地を併(あわ)せたりと。その人、入朝する者、多く自ら矜大(きょうだい)、実を以て対(こた)えず。故に中国これを疑う。またいう、その国の界、東西南北各々数千里あり、西界南界は咸(み)な大海に至り、東界北界は大山有りて限りをなし、山界は即ち毛人の国なりと。

※貞観22年は孝徳大化4年（648）に当たる。

③　長安三年その大臣朝臣真人、来りて方物を貢す。朝臣真人とは、なお中国の戸部尚書のごとし。進徳冠を冠り、その頂に花を為(つく)り、分れて四散せしむ。身は紫袍を服し、帛(はく)を以て腰帯となす。真人好んで経史を読み、文を属するを解し、容止温雅なり。則天、これを麟徳殿に宴し、司膳卿を授け、放ちて本国に還らしむ。

※長安3年は文武大宝3年（703）に当たる。

ここで②の日本国は倭国の別種なり、云々という箇所についてはまだ日本の学者はその解を見出していないので、これについて考察しよう。

『日本書紀』の事件

この遣唐使記録と『日本書紀』の事件を対比すると次表の通りである。

大化改新の解析

西暦	天皇年代	九州年号	事件
628	推古36年		推古天皇、病重く田村皇子と山背大兄王とに遺言して没する。
629	舒明1年	聖聴	1月、舒明天皇即位。
640	〃 13年	命長	
641			10月、舒明天皇百済宮で没する。
642	皇極元年		1月、宝皇后即位。
643	皇極2年		11月、蘇我入鹿、巨勢徳太らを遣わし、山背大兄王を斑鳩宮に襲う。山背大兄王の一族斑鳩宮(いかるがのみや)で自殺。

Ⅰ　『旧唐書倭国日本伝』と倭国の滅亡　　9

645	〃5年		10月、中大兄・中臣鎌足ら、宮中で蘇我入鹿を暗殺する。蘇我蝦夷自殺する。皇極天皇譲位し、軽皇子即位する。
646	孝徳2年		1月、改新の詔を宣する。3月、官司の屯田を廃止す。中大兄入部と屯倉を献納する。8月、品部の廃止、官位制・男身の調の制を命ずる。9月、任那の調の貢進を廃止する。
647	孝徳3年	常色	七色十三階の冠位を制定する。
648	孝徳4年		『旧唐書倭国日本伝』 日本国は倭国の別種なり。その国日辺にあるを以て、故に日本を以て名となす。あるいはいう。倭国自らその名の雅ならざるを悪み、改めて日本となすと。あるいはいう、日本は旧小国、倭国の地を併せたりと。その人、入朝する者、多く自ら矜大、実を以て対えず。故に中国これを疑う。またいう、その国の界、東西南北各々数千里あり、西界南界は咸な大海に至り、東界北界は大山ありて限りをなし、山界は即ち毛人の国なりと。

● 蘇我入鹿の山背大兄王襲撃とその自殺の真相

　すでに拙著『記紀と推計』（海鳥社、2007年）において述べているように、倭国の欽明以後の譜系は次の通りである。

　兄天王　欽明→箭田珠勝大兄→阿毎多利思北孤→利歌弥多弗利
　弟日王　安閑→　敏　達　→押坂彦人大兄→舒明

この譜系を大和王朝は次のように変更している。

　欽明→敏達→（用明）→（崇峻）→推古→舒明→（皇極）→（孝徳）→（斉明）
　　　　　　　　　　　　　　　＊（　）は、『日本書紀』が挿入した天皇

ここで用明と崇峻の短期在位の天皇を挿入している理由は容易に推定できる。

　『日本書紀』は倭国の天足矛饗君の代替として聖徳太子を作為したの

で、その父親としての用明を挿入している。次に大化の改新の中心人物である蘇我氏の専横を吹聴すべく、蘇我馬子宿禰が東漢 直 駒(やまとあやあたひこま)に命じ天皇を弑させるべく崇峻を挿入している。

次に、『日本書紀』の記述の中で、謎めいて非常に奇異な山背大兄王と田村皇子の皇嗣問題の難航について考えよう。

倭国の譜系から山背大兄王は聖徳太子の長子で明らかに倭国の兄天の譜系であり、また、田村皇子は弟日の譜系であることが一目瞭然である。

拙著『記紀と推計』において明らかにしているように、田村皇子と山背大兄王は推古(天足矛饗君)が臨終のときに遺言した言葉を次のように二分して王位継承の争いを作為していることを明らかにした。

臨終の遺言は次の通りである。

「天位(たかみくら)に昇りて鴻基を納め綸(あまつひつぎおさととの)へ、万機を駆(しら)して黎元を亭育(おほみたからやしな)ふことは、本より輒(たやす)く言うものに非ず。天下は大任なり。故、汝慎みて察(あきら)にせよ。軽々しく言うべからず(田村皇子)。汝は肝稚(きもわか)し。若し心に望むと雖も、諠(とよ)き言うこと勿れ。汝、独り莫諠諧(なとよつき)きそ。必ず群(まえつきみ)の言に従ひて、慎みて違(たが)うな(山背大兄王)」

この遺言は天足矛饗君が利歌弥多弗利に与えた懇切な言葉であり、万民や家臣に細心の注意を払うべきことを教えている。

『日本書紀』はこの天皇の臨終の言葉を二分し難解な理由付けをして結局田村皇子を後継者として選んでいる。

山背大兄王は王位継承の敗者となり、更に皇極2年11月蘇我入鹿の命により巨勢徳太(こせのとこだ)らに襲撃され、一族共に斑鳩宮(いかるがみや)で自殺に追い込まれている。

そこで『日本書紀』の記述を倭国にそのまま投影すると利歌弥多弗利が蘇我入鹿に殺されたことになるが、舒明天皇は舒明13年に没しており、「九州年号」には西暦640年に命長という年号があることから、ここで倭国の利歌弥多弗利王が没したのではないかと考えられる。

利歌弥多弗利(りこあみだふり)の名前の意味は利口阿弥陀振であり、「たいへん利口で

阿弥陀さんのようだ」という意味である。

『隋書俀国伝』を注意して読んでみると、額田部を哥多比と表しており中国の使者が日本語の「ぬかたべ」の「ぬ」と言う音を聞き漏らしているのではないかと思われる。そこで同様に利口阿弥陀振の「あみだふり」の「あ」の音を聞き漏らしていると考えられる。日本語の語頭の「あ」や「ぬ」の発音はちょうど中国語の軽声のように音が低く中国人にとっては聞き取り難かったと思われる。

利歌弥多弗利王の品格は孝徳天皇の品格として利用されており次の通りである。

「天皇、仏法を尊び、神道を軽りたまふ。人と為り柔仁ましまして儒を好みたまふ。貴き賤しきと択ばず、頻りに恩勅をくだしたまふ」

ここで仏法を尊び、神道を軽りたまふ、と述べられておりこれはその名前の"利口阿弥陀振"と一致している。

この記述から利歌弥多弗利は仏教の教えにしたがい治民することに専心したと考えられる。

また、天足矛饗君の品格は用明・宣化・推古の品格に利用されており次の通りである。

「天皇、仏法を信けたまひ神道を尊びたまふ（用明）。人と為り、器宇清く通りて、神襟朗に邁ぎたまへり。才地を以て、人に矜りて王したまわず。君子の服ふ所なり（宣化）。母の皇后、懐妊開胎さむとする日に、禁中に巡行して、諸司を監察たまふ。馬司に至りたまひて、乃ち厩の戸に当たりて、労みたまはずして忽ちに産れませり。生れましながら能く言う。聖の智有り。壮に及びて、一に十人の訴を聞きたまひて失ちたまはずして能く弁へたまふ。兼ねて未然を知ろしめす。且、内教を高麗の僧慧慈に習ひ、外典を博士覚哿に学びたまふ。並びに悉に達りたまふ。父の天皇、愛みたまひて、宮の上殿に居らしめたまふ。故、その名を称へて、上宮厩戸豊聡耳太子と謂す（推古）」

この品格から天足矛饗君大王は「仏法を信じ、神道を尊ぶ」理想的な

王であったことが分かる。

　すでに拙著『記紀・万葉を科学する』(葦書房、1995年)において阿毎多利思北孤王の命日は、釈迦三尊光背銘「釈迦三尊の光背銘」から622年2月22日であることを明らかにしている。皇后が2月21日に崩じた翌日に亡くなっており、この二重の不幸のために即位を遅らせて翌年(623年)に利歌弥多弗利が即位しており九州年号は仁王となっている。

　釈迦三尊光背銘は次の通りである(古田武彦著『古代は輝いていた　3』朝日新聞社、1985年参照)。

釈迦三尊光背銘
〈読み下し〉

　法興元三十一年、歳次辛巳(621)十二月、鬼前太后崩ず。

　明年(622)正月二十二日、上宮法王、枕病して悆からず。

　干食王后、仍りて以て労疾し、並びに床に著く。

　時に王后・王子等、及び諸臣と与に、深く愁毒を懐き、共に相発願す。

　「仰いで三法に依り、当に釈迦を造るべし。尺寸の王身、此の願力を蒙り、病を転じ、寿を延べ、世間に安住せんことを。若し是定業にして、以て世に背かば、往きて浄土に登り、早く妙果に昇らんことを」と。

　二月二十一日、癸酉、王后、即世す。

　翌日(二月二十二日)法王、登遐す。

　癸未年(623)、三月中、願いの如く、釈迦尊并びに挾侍及び荘厳の具を敬造し竟る。

　斯の微福に乗ずる、信道の知識、現在安穏にして、生を出で死に入り、三主に随奉し、遂に彼岸を共にせん。六道に普遍する、法界の含識、苦縁を脱するを得て、同じく菩提に趣かん。

　使司馬・鞍首・止利仏師、造る。　　　　　(庾信、王張寺経蔵碑)

　ここで皇后は「干食王后」と呼ばれている。そこで干の意味を調べよう。

Ⅰ　『旧唐書倭国日本伝』と倭国の滅亡　　13

干　①〈ほす〉かわかす。＝乾②〈ひる〉かわく。③〈おかす〉さからう。むり
　　じいする。④〈もとめる〉ほしがる。⑤〈たて〉矢をふせぐ道具。⑥〈ふせ
　　ぐ〉守る。⑦〈あずかる〉関係する。

干戈(かんか)は盾と矛である。これから天足矛饗君と豊御食炊屋姫とは次のように対応していることが明らかであり、天足矛饗君の皇后が豊御食炊屋姫であったことが分かる。

　　天足矛饗君　　豊御食炊屋姫
　　　矛　　　　干＝盾　　　　天皇は矛　皇后は盾
　　　饗　　　　豊御食炊　　　皇后が食を調え天皇が饗応する

『日本書紀』は推古の没年を推古36年3月としており、舒明天皇は翌年（629年）1月に即位している。舒明天皇の時代の九州年号は舒明元年（629年）聖聴、7年（639）僧要、12年（640）命長となっており全て仏教に関連した年号のように思われる。

以上から、九州年号の仁王から命長間までの17年間は利歌弥多弗利王の在位期間だったと考えられる。

以上の考察から倭国では次の三つの事件のいずれかが起こったのではなかろうか。

① 利歌弥多弗利王を弟日王（中大兄皇子）が斑鳩宮に襲撃した後、利歌弥多弗利王とその一族が自殺した（『日本書紀』の記述と同じ）。

② 利歌弥多弗利王の治世の後、その太子を中大兄皇子が斑鳩宮に襲撃し太子及びその一族が自殺した（大和王朝は兄弟王朝ではないので、聖徳太子の長子山背大兄王を一代早めて殺さねばならなかった）。

『旧唐書倭国日本伝』によれば、貞観5年（舒明3）に「新州の刺使高表仁を遣わし、節を持して往いてこれを撫せしむ。表仁、綏遠(すいえん)の才なく、王子と礼を争い、朝命を宣(の)べずして還る」とあり、この王子は利歌弥多弗利の王子（皇太子）であったと考えられる。

恐らく王子は隋国と同様に唐国に対しても対等外交を迫って譲らず、高表仁と礼を争ったのではなかろうか。このように気性の激しかった

王子は強引で非常な策謀家と見られる中大兄王子と政治思想の違いあるいは利害関係から衝突して、遂に敗者になったと考えられる。

　記紀で抹消され『中国正史倭国伝』にのみ記録されている阿毎多利思北孤・利歌弥多弗利・高表仁と礼を争った王子の兄天王3代は、これまで古代史家から余計者として全然問題にされなかったが、この3代に日本古代史の秘密を解く鍵が隠されていると考えられる。

③　利歌弥多弗利王の治世の後、その太子に退位を迫り退位させた。

　この場合、「天智三年夏五月に大紫蘇我連大臣死す」と記されており、この大臣は蘇我入鹿に当たるのではないかと考えられる。

以上三つのケースのうち②が『日本書紀』の記述に適合しており最も可能性が高いようである。

● 中大兄・中臣鎌足ら、宮中で蘇我入鹿を暗殺する。蘇我蝦夷自殺。

　蘇我氏の専横については拙著『記紀と推計』「4　天智天皇による兄天大王の王権簒奪」において、敏達～皇極区間と用明～孝徳区間の年間無記録月の統計結果から次のことを明らかにした。

敏達紀から天武紀までの無記録月の統計

　敏達紀から天武紀までの無記録月のデータを敏達から皇極区間と孝徳から天武区間の2区間に分けて示すと次表の通りである。

Ⅰ　『旧唐書倭国日本伝』と倭国の滅亡　　15

①敏達～皇極区間

	『日本書紀』	A	B
1	敏達 1	5	8
2	2	4	9
3	3	4	8
4	4	4	7
5	5	9	11
6	6	5	9
7	7	9	11
8	8	9	11
9	9	6	11
10	10	9	11
11	11	9	11
12	12	6	10
13	13	6	10
14	14	3	7
15	用明 1	7	10
16	2	4	7
17	崇峻 1	9	11
18	2	6	11
19	3	6	10
20	4	3	9
21	5	9	11
22	推古 1	4	9
23	2	10	11
24	3	5	9
25	4	10	11
26	5	6	10
27	6	3	9
28	7	4	10
29	8	10	11
30	9	3	7
31	10	3	8
32	11	2	6
33	12	4	9
34	13	3	8
35	14	5	9
36	15	5	10
37	16	3	8
38	17	3	9
39	18	3	8
40	19	4	10
41	20	7	9
42	21	10	10
43	22	4	9
44	23	5	10
45	24	5	8
46	25	6	11
47	26	7	11
48	27	5	10
49	28	7	9
50	29	10	11
51	30	12	12
52	31	6	10
53	32	4	9
54	33	11	11
55	34	6	8
56	35	7	10
57	36	7	11
58	舒明 1	4	8
59	2	4	7
60	3	5	8
61	4	7	10
62	5	11	11
63	6	7	11
64	7	5	9
65	8	5	7
66	9	9	10
67	10	6	9
68	11	5	7
69	12	4	9
70	13	9	11
71	皇極 1	0	0 ─C
72	2	1	1
73	3	3	7

A ＝ 年間の最長連続無記録月数
B ＝ 年間総無記録月数
C ＝ 皇極無期録月数（0、1）

②孝徳～天武区間

	『日本書紀』	A	B
1	孝徳・大化 1	2	5
2	2	3	7
3	3	5	8
4	4	8	9
5	5	7	7
6	白雉 1	5	8
7	2	5	9
8	3	4	7
9	4	7	9
10	5	0	6
11	斉明 1	3	7
12	2	7	10
13	3	6	10
14	4	2	6
15	5	6	9
16	6	1	5
17	7	1	6
18	天智 1	5	6
19	2	3	6
20	3	6	6
21	4	4	5
22	5	3	7
23	6	2	5
24	7	3	5
25	8	3	5
26	9	3	5
27	10	3	0
28	天武 1	0	4
29	2	1	2
30	3	4	7
31	4	1	2
32	5	1	2
33	6	0	0
34	7	4	7
35	8	0	0
36	9	1	1
37	10	0	0
38	11	0	0
39	12	1	1
40	13	2	2
41	14	0	0
42	15	0	0

前掲のデータから次のことが分かる。

・敏達～皇極区間

　敏達～皇極区間のデータを見てすぐ気がつくことは、敏達～舒明区間では無記録月が7～11の範囲にバラついているのに対し、皇極に至り一挙に0・1・7・5（大化元）と少なくなっている。

・孝徳～天武区間

　孝徳～天武区間においては孝徳～斉明区間の無記録月の数値がやや低くなり斉明7年に1となっている以外は5～10の範囲となり、天智区間の数値が3～6に低下し天武に至り遂に0になっている。

　そこでこれらの区間の統計的解析を行うべく、各区間の相関および敏達～皇極区間と用明～孝徳区間の標準偏差を求めよう。

　相関関係および標準偏差は次の通りである。

　敏達～舒明区間・敏達～皇極区間・孝徳～天武区間の相関係数を計算すると次表の通りである。

	n	相関係数 r	a	b	t	判　定
敏達～舒明区間	70	−0.06263	9.55155	−0.00427	0.5175	Pr＞50％
敏達～皇極区間	73	−0.26725	10.01644	−0.02536	2.3363	Pr＜5％
孝徳～天武区間	42	−0.78413	9.16841	−0.20606	7.9904	Pr＜1％

　敏達～皇極区間と用明～孝徳区間の標準偏差は次の通りである。

	n	平均値 x	標準偏差 s	σ
敏達～皇極区間	73	9.12329	2.01346	1.99962
用明～孝徳区間	69	8.79710	2.07634	2.06123

　この計算結果から次のことが分かる。

・敏達～舒明区間は相関係数 r＝−0.06263　t＝0.5175で Pr＞50％で有意性がなく相関がないことが分かる。

・敏達～皇極区間では相関係数 r＝−0.26725　t＝2.3363で Pr＜5％でかなりの有意性が有りかなり相関がある。

　ここで n＝71とおいて回帰式より y を求めると8.216となり実際の数

値は0でありその差が大きいことに気づく。

・孝徳～天武区間では相関係数 r = －0.78413　t = 7.9904で Pr ＜ 1 ％ で高度に有意であり相関があることが分かる。

　ここでも n = 42とおいて回帰式より y を求めると0.5139となり0に近づいていることが分かる。

　この関係を次図に示す。

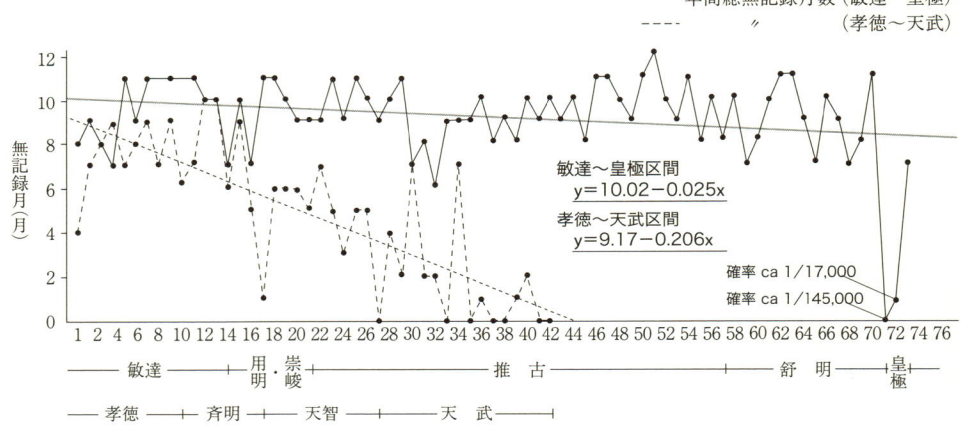

・敏達～皇極区間と用明～孝徳区間の標準偏差

　この両者の無記録月の0、1となっている確率を求めるとそれぞれ次の値を得る。

敏達～皇極区間

x	m	s	確　立
0	9.12329	2.01346	6.89679E－06
1			5.78672E－05

　この表から無記録月が0または1となる確率は、0となる確率は約1／145,000、1となる確率は約1／17,000である。

用明〜孝徳区間

x	m	s	確　立
0	8.79710	2.07634	2.4303E－05
1			0.000166526

用明〜孝徳区間の確率が小さいのでこの関係を次図に示す。

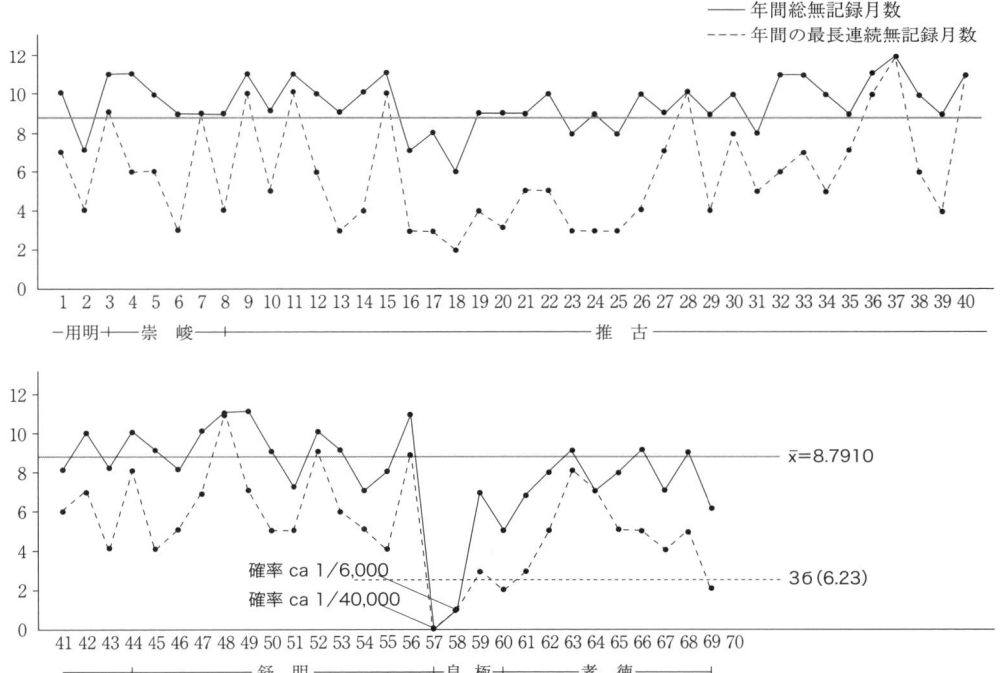

上表から無記録月が0また1となる確率は極めて小さい数（0となる確率は約1／40,000、1となる確率は1／6,000）であることから、こういう事態はほとんど発生し得ないことが明らかで次の蘇我氏専横の記事を作為し穴埋めしていることが分かる。

Ⅰ　『旧唐書倭国日本伝』と倭国の滅亡

皇極元年	①	大臣の児入鹿、自ら国政を取り、威父に勝る。
	②	蘇我蝦夷大臣読経し雨を請う。雨降らず。
	③	蝦夷、祖廟の高宮を立てて、八佾の舞をする。
	④	大稜と小稜を造り、上宮の乳部の民を墓所に使役する。
皇極2年	①	蝦夷が祖廟を詣でる時、巫女が争って神霊の言葉を述べる。
	②	紫冠を入鹿に授けて大臣の位になぞらえる。
	③	上宮の王たちを廃して古人大兄を天皇にしようと企てる。
	④	山背王を斑鳩に襲わせる。

　この推計学的考察から皇極元年から2年にかけて蘇我氏の専横が急に盛んになっているのは極めて不自然であり、上述の記事がすべて作為されていて、中大兄の蘇我臣入鹿の誅殺がなかったのではないかと思われる（天智三年夏五月に大紫蘇連大臣死す）。

　しかしながら、唯一明らかなことは兄天大王利歌弥多弗利の一族がこのとき抹殺され、ここで兄天大王家が断絶していることである。

　天武の死後23日後に大津皇子が捕縛され直ちに死を賜っており、また天平元年（729）2月には長屋王が謀反の疑いで邸を包囲された上糾問されて自殺しているように、時の実権を握った権力者にとっては一皇子の命を奪う陰謀は非常に容易であったのではないかと考えられる。

　兄天王家と弟日王家の確執については『日本書紀』には何も記録がなくこれ以上考究することができないが、兄天王家は利歌弥多弗利の名前や品格から推し測ってユートピア的な仏教王国の建設を理念としたと推察されるのに対し弟日王家は中大兄が中臣鎌子連と共に南淵請安（みなみぶちのしょうあん）の下で学んでおりより現実的な儒教思想による統治を企図したと考えられる。

　もしかしたら蘇我蝦夷・入鹿は山背王家と運命を共にしたとも考えられよう。しかしながら歴史の主役ではない蘇我家の存亡の経緯についてはこれ以上究める必要がないように思われる。

『旧唐書倭国日本伝』の解釈

先述の考察から容易に『倭国日本伝』の文章の意味を解くことができる。

・「日本国は倭国の別種なり」（本書 P.8）

これまでは倭国は兄天・弟日王の兄弟執政の王朝であったが、現在兄天大王は存在せず弟日王が支配する王国である。

・「倭国自らその名の雅ならざるを悪み、改めて日本となすと」

日本の名称は弟日王が旧倭国の王権を簒奪したことを端的に表している。日の本は旧倭国の天を本とし優先した国から日を優先した弟日王の日の本の国に変わったことを意味している。

日本国の名称はすでに古田武彦著『失われた九州王朝』（朝日新聞社、1973年）によって、武烈天皇の時代より、百済に対して使用していたことが明らかにされており、恐らく「（天つ）日の本の国」の名称であったと思われる。そこで兄天大王の倭国に代わって弟日王が支配する国の名称をこの際日本国に変えることをこの時点で公にしている。

・「日本は旧小国、倭国の地を併せたりと」

倭国は兄天王と弟日王の兄弟王朝であったので、兄天王の領有する国（屯倉・田部）が大きく弟日王のそれが小さかったことは明らかであり、兄天王の広大な領地（屯倉・田部）を弟日王が合併したことを率直に表明している。

・大化2年の詔

大化2年に屯倉・品部廃止の詔を下しており、これは明らかに兄天王及びその王族の屯倉・田部及び官位・地位を奪うべく早急に出された政策であったと思われる。

・皇極（斉明）と孝徳の和風諡号の天・日の称号の共有

皇極・孝徳天皇の和風諡号は天豊財重日足及び天万豊日であり天と日の称号を共有しており、これは兄天の領土（屯倉・田部）を没収し「日本は旧小国、倭国の地を併せたり」を明示している。

更に倭国の和風諡号に天・日の称号を共有した王がこの時点までに存在していないので、皇極・孝徳・斉明が大化の改新の名のもとに作為された天皇であり、舒明14年の天皇の死は利歌弥多弗利の死を舒明が肩代わりしているに過ぎず兄天王家の滅亡後の王位は舒明・天智によってリレーされていると考えられる。
・「その人、入朝する者、多く自ら矜大、実を以て対えず。故に中国焉れを疑う」
　この時点では、『日本書紀』はまだ完成していなかったので、『日本書紀』の原文のように、山背王を蘇我入鹿が襲撃したので山脊王が自殺したと話すことができず、また兄天王を弟日王が攻め亡ぼしたという真実を語ることもできず曖昧な返事をしたので、中国の官人が怪しんだ有様がよく表現されている。

　記紀は倭国の兄弟執政の王制を嫡子世襲制度に改ざんしているが、この改ざんの模様を武烈と継体及び推古と聖徳太子の接続から吟味してみよう。
・武烈－継体
　武烈天皇はすでに明らかにしているように桀紂（けっちゅう）に比すべき暴君ではなく、反対にその品格が示している通り非常に聡明で厳格な君主であったと考えられる。
「天皇、幼くして聡く穎れ、才敏くして識多し。長りて刑理を好みたまふ。法令分明し。日晏（ひくた）つまで坐（まつりごときこ）朝しめして、幽柱（かくれたること）必ず達しめす。獄を断ること情を得たまふ。壮にして仁恵（めぐみ）まし、謙怨温慈（くだりなだめやわらぎうつくしび）ます」
　また九州年号が継体16年から始まっていることから、年号の制定者であり、更に後述のように、日本の国名が継体紀の詔にあることから、日本国の国号の制定者であったと考えられる。
　すでに拙著において詳述しているように、武烈天皇は『百済本記』に記されているように、「太歳辛亥の三月に、軍進みて安羅（あら）に至りて、乞（こっ）

毛城(とくのさし)を営(つく)る。是の月に、高麗、その王安を弑(こし)す。又聞く、日本の天皇及び太子・皇子、倶(かむさ)に崩薨(ころ)りましぬといえり」とあるように、継体25年3月に毛野臣(けのおみ)の反逆にあい死去している。『日本書紀』は近江毛野臣の反逆を筑紫国造磐井(いわい)の反逆に転換している。

　継体天皇は弟日王であり武烈の死を早め、『日本書紀』では応神天皇の6世の王として三国から迎え武烈の後半の治世王として代置している。したがって兄天大王家は近江毛野臣の反逆により武烈でその譜系が断絶し、武烈の王位を継承した欽明は欽明19年（558）に兄弟年号を定め長子箭田珠勝大兄を兄天王、弟敏達を弟日王に定めている。

　また磐井の反乱を作為した理由としては、武烈天皇が近江毛野臣によって弑せられたことが筑紫地方の住民にあまねく知られていて、天皇の寿陵（磐井の墓）の故事が語りつがれていたので、この説話を筑紫国造磐井の反乱に置き換えたと考えられる。

・推古－聖徳太子

　『日本書紀』は倭国の兄天王の阿毎多利思北弧から利歌弥多弗利への王位継承を推古と皇太子厩戸皇子に置換し厩戸皇子を早世させることにより、田村皇子と山背大兄皇子との対立関係を作為し田村皇子に王位を継承させている。

　その後厩戸皇子の長子山背大兄皇子一家を蘇我入鹿の襲撃によって一家全員自殺させているが、これは明らかに兄天王家の滅亡であり阿毎多利思北弧から利歌弥多弗利へと継承された人民に慈悲慈愛の恩恵を与えた仏教立国時代が終わったことを意味している。

　『日本書紀』はこの兄天王家の滅亡の重大性を隠蔽すべく、前例として蘇我馬子が東漢直駒に命じて崇峻天皇を弑させたという事例を作為し、また厩戸皇子家をただの王族の一族（推古の甥）として兄弟親族（ふた従兄弟）間の王位継承の争いに置き換え、それより王位を簒奪しようとした蘇我蝦夷・入鹿の専横を誇大化して入鹿の暗殺、蝦夷の自殺による蘇我家の滅亡をもって大化の年号を定めている。

以上の関係を簡単に示すと次の通りである。

倭　　国	大和王朝（『日本書紀』）
兄天武烈、近江毛野臣の反逆により皇太子・皇子とともに死亡（兄天王家断絶）。 弟日継体。	武烈（桀紂・暴君）早世。筑紫国造磐井反乱。 継体、三国より迎える（応神6世の子）。
欽明19年、兄弟年号（新兄弟執政の開始）。 　　兄天　　　　　　弟日 　箭田珠勝大兄　　　敏達 　阿毎多利思北弧　　押坂人彦 　利歌弥多弗利　　　舒明 「日本国は旧小国倭国の地を併せたり」（『旧唐書倭国日本伝』）	推古、皇太子厩戸皇子（早世）。 舒明即位。蘇我入鹿、山背王一家を襲撃し山背一家自殺。 （兄天王家の消滅）

以上から次のことが分かる。
・兄天武烈天皇が近江毛野臣の反逆にあい天皇・皇太子・皇子ともに死去したので、欽明19年に兄弟年号が制定され、兄天箭田珠勝皇子と弟日敏達を定めたと考えられる。
・『日本書紀』は弟日王による兄天王の王位簒奪が行われた事実を隠蔽すべく兄弟執政を嫡子世襲制に作為し、天皇の死亡時期を任意に変更せねばならなかったので、九州年号に兄弟の年号があり更に旧帝の死と新帝の即位年に年号が制定されていることから、九州年号を消去していると考えられる。
・「日本は倭国の地を併せたり」と『旧唐書倭国日本伝』に記されている事実を『日本書紀』は端的に皇極と孝徳の和風諡号に天と日の称号を共存させることにより、弟日王が兄天王の王権を簒奪したことを明示している。

日本国の呼称

　『日本書紀』の日本の記述は次の通りである。
・雄略四年秋八月十八日に、吉野宮に行幸す。二十日に、河上の小野に幸す。天皇、群臣に詔して曰はく、「朕が為に蜻蛉を讃めて歌賦せよ」とのたまふ。群臣、能く敢へて賦む者なし。天皇、乃ち口号して曰はく、倭の　峰群の嶺に　猪鹿伏すと　誰か　この事　大君は　そこを聞かして　玉まきの　胡床に立たし　云々
・雄略二十年の冬に、高麗の王、大きに軍兵を発して、伐ちて百済を尽す。云々
　王の曰はく、「可くもあらず。寡人聞く、百済国は日本国の官家として、由来遠久し。また其の王、入りて天皇に仕す。四隣の共に識る所なり」という。云々
・二十一年春三月、汶洲王は、蓋鹵王の母の弟なり。日本旧記に云はく、久麻那利を以て、末多王に賜ふといふ。蓋し是、誤ならむ。久麻那利は、任那国の下哆呼唎県の別邑なり。
・継体三年の春三月に、使いを百済に遣わす。百済本記に云はく、久羅麻致支弥、日本より来るといふ。任那の日本の県邑に在る、云々。
・七年十二月八日に詔して曰はく、「朕天緒を承けて、宗廟を保つこと獲て、兢々業々、云々。日本国邕々ぎて、名天下に檀なり。云々」
・二十五年春二月に、天皇、病甚し。七日に、天皇磐余玉穂宮に崩りましぬ。時に年八十二。或本に云はく、天皇二十八年歳時甲寅に崩りましぬという。而るを此に二十五年歳時辛亥に崩りましぬと云へるは、百済本記を取りて文を為れるなり。その文に云へらく、太歳辛亥の三月に、軍進みて安羅に至りて、乞乇城を営る。是の月に、高麗、其の王安を弑す。又聞く、日本の天皇及び太子・皇子、倶に崩薨りましぬといへり。此に由りて言へば、辛亥の歳は、二十五年に当たる。後に勘校へむ者、知らむ。
・欽明二年夏四月に、任那の日本府吉備臣と、百済に往赴きて、ともに

詔書を聴(うけたまは)る。

　百済の聖明王、任那の旱岐(かんき)等に謂(かた)りて言はく、「日本の天皇の詔ふ所は、全ら、任那を復し建てよといふを以てせり。今何の策を用(も)てか、任那を起こし建てむ。盍(なに)ぞ各忠を尽くして、聖懐(みこころ)を展べ奉らざらむ」という。

・秋七月に、百済、安羅の日本府と新羅と計を通(かよ)はすを聞きて、云々。
・聖明王、また任那の日本府に謂(かた)りて曰はく、云々。
・冬十一月八日に、津守連を遣(もり)して、百済に詔して曰はく、「任那の下韓(からくに)に在(あ)る、百済の郡令・城主、日本府に附くべし」とのたまふ。
・五年三月、夫れ任那は、安羅を以て兄とす。唯其の意にのみ従ふ。安羅人は、日本府を以て天とす。唯其の意にのみ従ふ。百済本記に云はく、安羅を以て父とす。日本府を以て本とすという。
・冬十月に、百済の使人奈率得文(なそちとくもん)・奈率奇麻(なりそちがま)等、罷り帰りぬ。百済本記に云はく、冬十月に、奈率得文・奈率奇麻等、日本より還りて曰へらく、云々。

　前記の任那・安羅・日本府の関係は次のように兄弟の関係を表している。

	任那	安羅	日本府
『日本書紀』	（弟） →	兄	
『百済本記』		（日） →	天
〃		父 →	本

　ここの関係から本は天を表していることが分かる。したがって日本はもともと天の意味を含んでいると考えられる。

　日本国の名称は雄略紀から記されているが、次の理由から日本国の名称は武烈天皇の時代から百済に対して使用されたと考えられる。したがって武烈天皇が日本国の名称を初めて制定したのではないかと考えられる。

・雄略紀の記述は百済記からの引用であり、百済王の言った言葉として

日本国の名称が記されている。
・雄略天皇の有名な蜻蛉の歌が記されているが、ここでは日本の文字ではなく倭が使用されている。
・継体7年12月詔に初めて日本国の名称が使用されている。

2　遣唐使の中国と日本の記録の対比

　前節で倭国から日本国への転換が皇極2年（642）の11月蘇我入鹿の山背大兄王一族の襲撃と山背王一族の自殺した年であることを明らかにしたので、ここで改めて遣唐使の中国と日本の記録を対比しよう。

　古田武彦著『失われた九州王朝』においては、倭国と大和王朝が共存していたとする観点から、中国資料の記事を二つの王朝にこじつけた理論を展開しているが、ここでは倭国一元論の立場から『日本書紀』の記述と対比してみよう。

　遣唐使の中国と日本の記録を対比すると次の通りである。

西暦	中国の記録	『日本書記』
631	貞観五年、使を遣わして方物を献ず。太宗その道の遠きを矜れみ、所司に勅して歳ごとに貢せしむるなし。また新州の刺使高表仁を遣わし、節を持して往いてこれを撫せしむ。表仁、綏遠の才なく、王子と礼を争い、朝命を宣べずして還る。	舒明二年（630）八月五日に、大仁犬上君三田耜・大仁薬師恵日を以て、大唐に遣す。
632		舒明四年の秋八月に、大唐、高表仁を遣して、三田耜を送らしむ。共に対馬に泊れり。この時に、学問僧霊雲・僧旻及び勝鳥養、新羅の送使等、従たり。冬十月の四日に、唐国の使人高表

	仁等、難波津に泊れり。則ち大伴連馬養を遣して、江口に迎へしむ。船三十二艘及び鼓・吹・旗幟、皆具に整飾へり。便ち高表仁等に告げて曰はく、「天子の命のたまへる使、天皇の朝に到れりと聞きて迎へしむ」という。時に高表仁対へて曰さく、「風寒じき日に、船艘を飾整ひて、迎え賜ふこと、歓び愧る」ともうす。是に、難波吉士小槻・大河内直矢伏に令して、導者として、館の前に到らしむ。乃ち伊岐史乙等・難波吉士八牛を遣わして、客等を引て館に入らしむ。即日に、神酒を給ふ。 五年の春正月二十六日に、大唐の客高表仁等、国に帰りぬ。送使吉士雄摩呂・黒麻呂等、対馬に到りて還りぬ。	
648	貞観二十二年に至り、また新羅に附し表を奉じて、以て起居を通ず。日本国は倭国の別種なり。其の国日辺にあるを以て、故に日本を以て名となす。あるいはいう。倭国自ら其の名の雅ならざるを悪み、改めて日本となすと。あるいはいう、日本は旧小国、倭国の地を併せたりと。その人、入朝する者、多く自ら矜大、実を以て対えず。故に中国これを疑う。またいう、其の国の界、東西南北各々数千里あり、西界南界は咸な大海に至り、東界北界は大山ありて限りをなし、山界は即ち毛人の国なりと。	この遣唐使の記録は『日本書紀』にない。

28

653		孝徳白雉四年夏五月十二日大唐に発遣す大使小山上吉士長丹、副使小乙上吉士駒、学問僧道厳・首通・道光・恵施・覚勝・弁正・恵照・僧忍・知聡・定恵・安達・道観・学生巨勢臣薬・氷連老人。或本に学問僧知弁・義徳・学生坂合部連磐積を以て増へたり。併せて一百二十一人、俱に一船に乗る。室原首御田を以て、送る使いとす。又の大使大山下高田首根麻呂、副使小乙上掃守連小麻呂、学問僧道福・義向併せて一百二十人、俱に一船に乗る。土師連八手を以て、送使とす。
654	永徽五年十二月癸丑、倭国、琥珀・瑪瑙を献ず。琥珀、大なること斗の如し、碼磠、大なること五斗器の如し。〈『旧唐書』本紀巻四、高宗上〉	白雉五年二月に、大唐に遣す押使大錦上高向史玄理、或本に云はく、夏五月に、大唐に遣す押使大花下高向玄理といふ。大使小錦下河辺臣麻呂、副使大山下薬師恵日、判官大乙上書直麻呂、宮首阿弥陀。或本に云はく、判官小山下書直麻呂といふ。小乙上岡君宜、置始連大伯、小乙下中臣間人連老、田辺史鳥等、二船に分れ乗らしむ。留連ふこと数月。新羅道を取りて、莱州に泊れり。遂に京に到りて、天子に観え奉る。是に、東宮監門郭丈挙、悉に日本国の地理及び国の神の名を問ふ。皆問いに従いて答へつ。押使高向玄理、大唐に卒せぬ。伊吉博得が言はく、学問僧恵妙、唐にして死せぬ。知聡、海にして死せぬ。智

Ⅰ　『旧唐書倭国日本伝』と倭国の滅亡　　29

		国、海にして死せぬ。智宗、庚寅の年を以て、新羅の船に付きて帰る。覚勝、唐にて死せぬ。義通、海にして死せぬ。定恵、乙丑の年を以て、劉徳高等が船に付きて帰る。妙位・法勝・学生氷連老人・高黄金、合わせて十二人、別に倭種智興・趙元宝、今年、使人と共に帰れりといふ。秋七月の二十四日に、西海使吉士長丹等、百済、新羅の送使と共に、筑紫に泊れり。是の月に西海使等が、唐国の天子に奉対ひて、多に文書、宝物得たるを褒めて、小山上大使吉士長丹に授くるに、小花下を以てす。封賜ふこと二百戸。姓を賜ひて呉氏とす。小乙上副使吉士駒に授くるに、小山上を以てす。
655		斉明元年八月一日に、河辺臣麻呂大唐より還る。斉明五年秋七月三日に、小錦下坂合部連石布・大仙下津守連吉祥を遣して、唐国に使せしむ。伊吉連博徳書に曰はく、同天皇の世に、合部連小錦下坂合部石布連・大仙下津守吉祥連等が二船、呉唐の路に奉使さる。(中略)二十九日に、馳せて東京に到る。天子、東京に在します。三十日に、天子相見て問訊ひたまはく。「日本国の天皇、平安にますや否や」とのたまふ。(中略)十一月一日に、朝に冬至の会有り。

		会の日に亦覩ゆ。朝ける諸藩の中に、倭の客最も勝れたり。後に出火の乱に由りて、棄てて復検へられず。十二月三日に、韓智興が儻人西漢大麻呂、枉げて我が客を讒す。客等、罪を唐朝に獲て、すでに流罪に決む。前ちて智興を三千里の外に流す。客の中に伊吉連博徳有りて奏す。因りて即ち罪を免されぬ。事了りて後に、勅旨すらく、「国家、来らむ年に、必ず海東の政有らむ。汝等倭の客、東に帰ること得ざれ」とのたまふ。遂に西京に匿めて、別所に幽へ置く。戸を閉して防禁きて、東西にすること許されず。困苦むこと年を経ぬといふ。（後略）
665	『冊府元亀』高宗麟徳二年八月 是に於いて仁軌、新羅・百済・耽羅・倭人の四国の使を領し、海に浮かんで西に還り、以て太山の下に赴く」「麟徳二年十月丁卯、帝、東都を発し、東嶽に赴く。従駕の文武の兵士及び儀杖・法物相継ぐこと数百里。営を列し、幕を置き、弥く郊原に亘る。 <u>突厥・于闐・波斯・天竺国・罽賓・烏萇・崑崙・倭国、及び新羅・百済・高麗等、諸藩の酋長、各々、其の属を率いて扈従す。</u>十二月丙午、斉州に至りて停まること十日。丙辰、霊巌の頓を発し、太獄の下に至る」 〈『冊府元亀』帝王部・封禅二〉	天智四年九月二十三日に、唐国、朝散大夫沂州司馬上柱国劉徳高等を遣す。凡て二百五十四人。七月二十八日に、対馬に至る。九月二十日に、筑紫に至る。二十二日に、表函を進る。 天智四年十一月十三日に、劉徳高等に饗賜ふ。 十二月の十四日に物を劉徳高等に賜ふ是の月に、劉徳高等罷り帰りぬ。 是歳、小錦守君大石等を大唐に遣す。

| 703 | 長安三年その大臣朝臣真人、来りて方物を貢す。朝臣真人とは、なお中国の戸部尚書のごとし。進徳冠を冠り、その頂に花を為り、分れて四散せしむ。身は紫袍を服し、帛(はく)を以て腰帯となす。真人好んで経史を読み、文を属するを解し、容姿温雅なり。則天これを麟徳殿に宴し、司膳卿を授け、放ちて本国に還らしむ。 | 大宝元年（701）正月二十三日守民部尚書直大弐粟田朝臣真人(みんぶしょうしょじきだいにあわたのあそみまひと)を遣唐執節使(けんとうしつせつし)とす。夏四月十日、遣唐使ら拝朝す。五月七日、入唐使粟田朝臣真人に節刀を授く。大宝二年六月二十九日、遣唐使ら、去年筑紫よりして海に入るに、風浪(かぜなみ)暴険(あらし)にして海を渡ることを得ざりき。是に至りて乃(すなは)ち発つ。 |

① 651年の記録

　新州の刺使高表仁が王子と礼を争い朝命を宣べずして帰ったことは、倭国は兄弟執政の王朝でありもしこの記録をありのままに書けば兄天王の王子の名前を挙げることになり、大和王朝の虚偽が明らかとなるので、阿毎多利思北弧や利歌弥多弗利と同じくこの記事を抹消している。

　更に舒明4年の秋8月に高表仁が唐の使者として来朝しているが、唐国の高表仁来朝の記録は舒明3年であり、『日本書紀』は1年ずらして王子と礼を争った事件を有耶無耶にしている。

② 648年の記録

・この当時『日本書紀』は完成しておらず聖徳太子の長子山背大兄王が蘇我入鹿の襲撃にあって自殺したという説明ができなかった。
・また兄天王の王権を弟日王が篡奪したことをはっきり中国に言うことを憚った。
・したがって日本国は倭国の別種で、小国だった日本国が大国の倭国の地を併せたと曖昧な説明をしたと考えられる。
　そこで全面的に遣唐使の記事を削除している。

③ 654年の記録

　前回の中国への意思疎通を欠いた事件の後日本国は以前の倭国とし

て貢献している。

　中国は前回の齟齬より日本の使者に日本国の地理及び国の神の名を糺し日本国と倭国が同じことを確認している。

　中国の記録は大きい琥珀と瑪瑙を献じたことのみを記しており、日本は中国の皇帝の機嫌を損なわないように低姿勢で貢献しているようである。

　また日本国の名称は『日本書紀』にも伊吉博得の書にも見えるが、これは日本側の記録であり、『日本書紀』の立場で記録しているに過ぎない。

④　665年の記録

　ここでも中国の記録は倭国となっており倭国として貢献していると考えられる。また『日本書紀』は中国皇帝の泰山の召集は中国の儀式であり、日本は中国の属国ではなく何ら関係がないという態度を取っていると思われる。

⑤　703年の記録

　ここで日本は正式に日本国として貢献している。中国は初めて日本国の名称を承認している。

3　推古の遣唐使と『隋書俀国伝』との対比

推古の遣唐使と『隋書俀国伝』の記録の対比

　『隋書俀国伝』によれば隋の使者は筑紫以東には足を延ばしていないので、筑紫における彼らの行動を『俀国伝』および『日本書紀』の記録を対比して跡付けることにしよう。

『日本書紀』推古期の記述	『隋書俀国伝』
十六年の夏四月に、小野妹子、大唐より至る。唐国、妹子臣を号けて蘇因高と曰ふ。即ち大唐の使人裴世清・下客十二人、妹子臣に従ひて筑紫に至る。難波吉士雄成を遣して大唐の客裴世清等を召す。唐の客の為に、更に新しき館を難波の高麗館の上に造る。六月十五日に、客等、難波津に泊れり。是の日に、飾船三十艘を以て、客等を江口に迎へて新しき館に安置らしむ。是に、中臣宮所連烏摩呂・大河内直糠手・船史王平を以て掌客とす。爰に妹子臣、奏して曰さく、「臣、参還る時に、唐の帝、書を以て臣に授く。然るに百済の国を経過る日に、百済人、探りて掠み取る。是を以て上ること得ず」とまうす。是に群臣、議りて曰はく、「夫れ使たる人は死ると雖も、旨を失はず。是の使、何にぞ怠りて、大唐の書を失ふや」といふ。即ち流刑に坐す。時に天皇、勅して曰はく、「妹子、書を失ふ罪有りと雖も、輙く罪すべからず。其の大国の客聞か	明年、上、文林郎を遣して倭国に使せしむ。百済を度り、行きて竹島に至り、（略）また東して一支国に至り、また竹斯国に至り、また東して秦王国に至る。（略）竹斯国より以東は皆な倭に附庸す。

むこと、亦不良し」とのたまふ。乃ち赦して坐したまはず。

秋八月三日に、唐の客京に入る。是の日に、飾騎七十五匹を遺して、唐の客を海石榴市の術に迎ふ。額田部連比羅夫、以て礼の辞を告す。

十二日に、唐の客を朝廷に召して、使いの旨を奏さしむ。時に阿部鳥臣・物部依網連抱、二人を客の導者とす。是に、大唐の国の信物を庭中に置く。時に使主裴世清、親ら書を持ちて、両度再拝みて、使の旨を言上して立つ。其の書に曰はく、「皇帝、倭皇を問ふ。使人長吏大礼蘇因高等、至でて懐を具にす。朕、宝命を欽び承けて、区宇に臨み仰ぐ。徳化を弘めて、含霊に覃び被らしむることを思ふ。愛み育ふ情、遠く近きに隔なし。皇、海表に介り居して、民庶を撫で寧みし、境内安楽にして、風俗融り和ひ、深き気至れる誠ありて、遠く朝貢ふことを脩つといふことを知りぬ。丹款なる美を、朕嘉すること有り。稍に暄なり。此は常の如し。故、鴻臚寺の掌客裴世清を遺して、稍に往く意を宣ぶ。併せて物送すること、別の如し」といふ。時に阿倍臣、出で進みて其の書を受けて進み行く。大伴囓連、迎へ出でて書を承けて、大門の前の机の上に置きて奏す。事畢りて退づ。是の時に、皇子・諸王・諸臣、悉に金の髻花を以て頭に著せり。亦衣服に皆錦・紫・繡・織・及び五色の綾羅を用いる。十六日に、唐の客等

倭王、小徳阿輩台を遣わし、数百人を従え、儀仗を設け、鼓角を鳴らして来り迎えしむ。

後十日、また大礼哥多比を遣わし、二百余騎を従え郊労せしむ。既に彼の都に至る。

その王、清と相見え、大いに悦んでいわく、「我れ聞く、海西に大隋礼儀の国ありと。故に遣わして朝貢せしむ。我れは夷人、海隅に僻在して、礼儀を聞かず。これを以て境内に稽留し、即ち相見えず。今故らに道を清め館を飾り、以て大使を待つ。冀くは大国惟新の化を聞かんことを」と。清、答えていわく、「皇帝、徳は二儀に並び、沢は四海に流る。王、化を慕うの故を以て、行人を遣わして来らしめ、ここに宣諭す」と。

を朝に饗たまふ。 九月の五日に、客等を難波の大郡に饗たまふ。十一日に、唐の客裴世清、罷り帰りぬ。則ち復小野妹子臣を以て大使とす。吉士雄成を以て小使とす。福利を通事とす。唐の客に副へて遣す。	既にして清を引いて館に就かしむ。その後、清、人を遣わしてその王にいっていわく、「朝命既に達せり、請う即ち塗を戒めよ」と。ここにおいて、宴享を設け以て清を遣わし、また使者をして清に随い来って方物を貢せしむ。この後遂に絶つ。

隋の使者の倭国での日程

　推古の遣唐使記事と『隋書俀国伝』の対比は拙著『記紀・万葉を科学する』（葦書房、1995年）において詳細に検討しているが、ここでは更にその内容について具体的に考察することにしよう。

　『隋書俀国伝』の記録には筑紫から東の本州の地名が記されていない事から、隋の使者は筑紫の京において阿毎多利思北孤阿輩雞弥に面接していると考えられる。したがってその過程を両者の記録を対比しながらたどることにしよう。

・推古16年4月から6月15日までの約60日間
　紀に「唐の客のために、更新しき館を難波の高麗の館の上に造る」とあることから、能古島の江口に新しい館を造るに要した期間であると考えられる。

　『日本書紀』はこの期間を那の津より難波までの航海期間に当てているが、斉明5年秋7月の「伊吉博徳書」によれば、難波の三津浦より筑紫の大津の浦までの航海期日は、7月3日より8月11日までの38日であり、これから約60日というのは長すぎるように思われる。

・6月15日には「是の日に、飾船三十艘を以て、客等を江口に迎えて、新しき館に安置らしむ」とあり、ここで隋の使者を飾り船三十艘を繰り出して能古島の江口の新館に鄭重に迎え入れている。

　小野妹子が唐の王の国書を盗まれた記事は難波の江口に着いたときに

記しているが、恐らく筑紫の那津に到着して報告したのであろう。
・6月15日から8月3日までの約50日間
　この期間は5月からの館の新築期間から引き続き、「今故らに道を清め館を飾り、以て大使を待つ」と『隋書倭国伝』に記されているように、那津より太宰府のある海石榴市(二日市)更に磐余の京(甘木市)までの道路整備に費やしたと考えられる。

　旧暦の4月から7月までは現在の太陽暦の5月から8・9月までに相当し、6月10日より7月15日までは梅雨の季節であり当時の道路はぬかるみになっていたのではなかろうか。したがって道路普請に費やされた期間が長くなったと思われる。
・8月3日
　紀「唐の客京に入る。この日に、飾騎七十五匹を遣わして、唐の客を海石榴市の術に迎う。額田部連比羅夫、以て礼の辞を告す」。また『倭国伝』では「倭王、小徳阿輩台を遣わし、数百人を従え、儀仗を設け、鼓角を鳴らして来り迎えしむ」とある。

　この記事から、隋の使者は海石榴市(二日市)にこの日宿泊していると考えられる。

　姪浜から博多港までは12キロ、博多港から二日市までは14キロで姪浜から二日市までは26キロ(6.5里)で徒歩では6、7時間の行程であり、1日の旅程であると考えられる。
・8月12日
　紀「唐の客を朝廷に召して、使いの旨を奏さしむ。時に阿倍鳥臣・物部依網連抱、二人を客の導者とす」。また『倭国伝』では「後十日、また大礼哥多比を遣わし、二百余騎を従え郊労せしむ。既に彼の都に至る」。

　この記録で3日と12日の倭国の導の使者額田部(哥多比)と阿倍鳥臣(阿輩台)が入れ替わっていることが分かる。

　この『倭国伝』の記録より8月3日は儀仗を設け、鼓角を鳴らして数

Ⅰ　『旧唐書倭国日本伝』と倭国の滅亡　　37

百人が儀式的に迎えられたのに対して、8月12日には騎馬の武人が物々しく使者を迎えていることが分かる。

二日市から甘木までは20キロ（5里）で徒歩では5時間の行程であり、朝早く出発すれば午後には朝廷で倭王に面接できたと考えられる。

『日本書紀』は難波津の江口から推古の京である明日香村の豊浦までを8月3日の行程に一まとめにしている。

倭王の言葉に「我れ聞く、海西に大隋礼儀の国ありと。故に遣わして朝貢せしむ」と言っており、また倭国の内官十二等には礼の官位があることから、礼儀を重んじていたことが分かる。したがって4月から8月12日までの期間が倭国の隋国王およびその使者に対する礼儀に費やされた期間であったと考えられる。

ちなみに難波の江口より推古の都飛鳥の小墾田宮への行程を計算すると次の通りである。

・江口→生駒市→奈良市→天理市→桜井市→明日香村
58.5キロ（＝14.6里）
・江口→柏原市→大和高田市→橿原市→桜井市→明日香村
53キロ（＝13.3里）

いずれも徒歩で14、5時間の距離である。

以上をまとめると次の通りである。
・那の津から唐の客裴世清等を飾船三十艘で江口に迎えているが、江口が能古島にあり当時も風光明媚な別荘地であったと考えられ、隋の使者をこの地でしばらく俗世から隔離して保養させたいと願ったのではなかろうか。また難波津から淀川河口の江口に移動させることは無意味のように考えられる。
・『日本書紀』では唐の客裴世清等を江口から京まで1行程で引率しているが、『隋書俀国伝』では2行程で引率しており能古島の江口から大宰府のある海石榴市の術（二日市）に至り十日宿泊しその後磐余の

京（甘木）の朝廷で天皇に拝謁している。

『日本書紀』の海石榴市の術は大宰府の門前町として現在二日市があり、二日市は市の名残で二日・四日・七日・八日・つばき市と市場が開かれた町であったと考えられる。

隋国を大唐に変えた理由

ここで『隋書俀国伝』の記録を何故「唐国」に変えているかを考えよう。この問題については日本の史家は見て見ぬ振りをしているようであるが、この一点を取り上げただけで『日本書紀』はウソを記しているので、一大偽書であり単なる歴史小説に過ぎないと言うことができる。

岩波書店の『日本書紀』は「大礼小野臣妹子を大唐に遣わす」の大唐について「事実は隋」と注しているだけである。

この書き換えの理由は次の通り明白である。

『俀国伝』に記されている次の記録が『日本書紀』の記録と全く違っている。

・俀王あり、姓は阿毎（あめ）、字は多利思北孤（たりしほこ）、阿輩雞弥（あへきみ）と号す。
・俀王は天を以て兄となし日を以て弟となす。（兄弟執政の王朝）
・太子を名づけて利歌弥多弗利（りかみたふり）となす。

大和王朝は嫡子相続であり兄弟王朝ではなくまたこのときの天皇が女帝推古であることから、『日本書紀』の編纂者が隋国を唐国にすり替えたことが分かる。

遣唐使の記録はすでに前節で検討しているように、『旧唐書倭国日本伝』と『日本書紀』の記録は当初から異なっている。

・表仁、綏遠の才なく、王子と礼を争い、朝命を宣べずして還る（貞観5年）。
・日本国は倭国の別種なり。云々（貞観22年）

したがって『俀国伝』を遣唐使記事にすりかえれば唐国との国交が最初からちぐはぐしていたということになり、中国の記録は信用するに足

りないと『日本書紀』は主張している。

　現代の日本の歴史学者はほとんど、記紀の記録は継体以後大体史実にあっているという津田学説に従って大和王朝の実在を盲目的に信じ『日本書紀』の記述通りに古代史を構築しているので、結局は『日本書紀』の編纂者と同じく『隋書倭国伝』の記録を全面的に信用しない立場に立っている。

　しかしながら、『倭国伝』は裴世清一行が4月から9月12日まで約5カ月間筑紫に滞在し、毎日倭国の貴人・官人に接し見聞した生々しい事実の記録であり、『魏志倭人伝』に比肩し得る日本古代史の鏡であると思われる。

筑紫と大和の地名

　すでに『記紀・万葉を科学する』において考察しているように、武烈から舒明までの『日本書紀』に記されている地名を挙げると次表の通りである。

天皇	説話	地名
武烈	鮪と影媛説話	海石榴市の巷・乃楽山
		石上布留・高橋・大宅・春日・小佐保・乃楽の谷
継体	勾大兄皇子と春日皇女との唱和	春日・泊瀬の川・御諸が丘・磐余の池
敏達	物部弓削守屋大連と中臣勝海の排仏	大野丘・難波の堀江・海石榴市の亭
用明	三輪君逆の硬直とその死	磐余の池辺・三諸丘・磐余の河上・阿都・海石榴市宮・槻曲
推古	使人裴世清の来日	筑紫・難波の高麗館・難波津・江口・海石榴市の術・難波の大郡
	新羅使人・任那使人来日	筑紫・京・阿斗の河辺の館
舒明	唐国使高表仁来日	対馬・難波津・江口

　上表の各地名について現在の福岡県の地名と奈良県の地名を対比する

と次表の通りとなる。

紀の地名	福岡県の地名	奈良県の地名
海石榴市	二日市	桜井市金屋、椿市観音、椿市地蔵
石上布留	古飯	古市町、石上町
高橋	高橋	なし（高樋）
大宅	なし	なし
春日	春日	春日野町、春日山
小佐保	なし	佐保川、佐保台
乃楽の谷	奈良の谷	なし（奈良市）
泊瀬の川	長谷川、長谷山（地名）	大和川（初瀬川）
御諸	三輪町（目配山、小富士）	三輪山
磐余	なし	なし（阿部）
	＊片居・片立の片・立・井の付く地名が小郡市付近に点在している。これから磐余は現在の甘木市の中心部に存在していたと考えられる。	これらの地名は阿部付近には存在しない。
大野丘	大野城市	なし（橿原市和田町？）
堀江	なし	なし
阿都	後野	なし（大阪府八尾市跡部？）
槻曲	月隈	なし
江口	能古島江口	淀川の川口で大阪中島辺か？ 東淀川区南江口

上表から次のことが分かる。

・武烈紀の鮪と影媛説話の地名については筑紫には古飯・高橋・春日・奈良の谷があり、奈良には石上・布留・佐保川がある。

・現在の二日市は大宰府の玄関の市であり、名前のように二日・四日・七日・八日・椿市に市場を開く交易の場であったと思われる。またこの付近には敏達・用明紀にある大野丘・海石榴市・阿斗（後野）・槻曲（月隈）等があり大宰府を中心として事件が発生したことが分かる。

- 磐余は神武紀に明確に記されているように「夫れ磐余の地は旧の名は片居。亦は片立と曰ふ」とあるように、甘木市付近であったと考えられる。
- 筑紫地方に現在残されている地名は三輪・春日・長谷山など地名となっているが、大和地方では三輪山・春日山・佐保川など山や川の名称として残っている。

磐余の京

　すでに明らかにしているように、記紀は筑紫に京を定め日本国を支配していた『中国正史倭国伝』に明記されている倭国の史書を換骨奪胎して大和王朝に変換し大和に京を移動している。
　したがって大和・難波・河内・山背などに指定されている皇居はすべて作為されていると考えられる。
- 初期天皇の皇居を大和地方に定めた理由としては、天武・持統がここに大和朝の京を定めたことが大きな理由と思われるが、この地方には前期の大古墳が多数築かれていることもその理由の一つだと考えられる。
- 応神・仁徳・反正は難波・河内に皇居を移しているが、これは和泉・河内の中期巨大古墳が築かれたので、これに準じて大和から移動したのではないかと考えられる。
- 歴代の天皇は即位後直ちに新しい皇居を定めているが、これは天智・天武・持統の例に倣(なら)っていると思はれる。

　しかしながら『日本書紀』は一方では倭国を無造作に闇に葬っているが、一方では暗に真実の倭国の実在を仄めかし推理の糸口を与えているように思われる。
　そこで磐余の京についてまとめると次表の通りとなる。『日本書紀』は倭国の並列的な兄弟王を直列に並べているので皇居の数が2倍となっているがすべて作為されているので、ここでは兄天王の皇居に絞って整理することにしよう。

天皇	皇居	備考
神武	（磐余）	神武天皇の和風諡号は「神日本磐余彦」であり、神武の京は磐余であったことが分かる。
仲哀	穴門　豊浦宮	神功3年正月3日、誉田別皇子を皇太子に立て磐余若桜宮を京とし、この宮で崩御しており、ここに京を定めていたことが分かる。
応神	難波　大隈宮	神功が皇太子の為に磐余に都を造っており、磐余の若桜宮が皇居であったと考えられる。 難波の京は明らかに作為されている。
仁徳	難波　高津宮	明らかに作為されている。
履中	磐余　稚桜宮	これは応神の磐余の京と同じと思われる。
允恭		清寧元年正月15日、壇場を磐余甕栗に設ける。
安康	石上　穴穂宮	石上は筑紫にあったと考えられ、安康・仁賢の皇居となっているが、允恭（済）『宋書倭国伝』にあるように、星川皇子の反逆により、落命しており磐余から石上に遷都している。
雄略	泊瀬　朝倉	泊瀬朝倉は今の朝倉郡ではなかろうか。この遷都の理由は不明。
武烈	泊瀬　列城	継体20年秋9月13日、磐余の玉穂に都す。 武烈は兄天王であり、弟日王継体の年代も生存しており、この年に泊瀬から磐余に遷都していると考えられる。
欽明	磯城島　金刺宮	武烈は近江毛野臣の反逆にあって、皇太子・皇子もろ共に殺されており、何れかの地に遷都したと考えられる。 現在筑紫野市に吉木・阿志岐があるが不明。
敏達	訳語田　幸玉宮	今の桜井市戒重の地かと紀の注にあり、戒重は阿部に接続した土地であり、磐余付近の土地であったことが分かる。 また大津皇子は磐余の訳田宮で自殺している。
推古	豊浦宮	豊浦宮は明らかに作為されている。 用明、磐余に宮つくる。名づけて池辺雙槻宮という。

			推古は阿毎多利思北孤阿輩雞弥の代替であり、磐余に京があったことは、すでに隋の使者裴世清の筑紫における天皇との面接によって、明らかにしている。
舒明	飛鳥	岡本宮	明らかに作為されている。

　この表から、倭国の首都は磐余の京を中心として存在し、太宰府から磐余（現在の甘木）を含む地方が京と呼ばれていたのではなかろうか、磐余の皇居は歴代の倭国王によって引き継がれたのではないかと考えられる。

4　『万葉集』の地名の相関

　『万葉集』の中で数多く歌われている地名は、奈良・春日・住吉・難波・泊瀬・飛鳥・吉野・三輪（三諸）・竜田・石上（布留）・天香山である。
　これらの地名がどの時代に多く歌われているかを調べるため、『万葉集』の各巻を次の6区分に分けて、これらの区分中の歌数を数え、同じような分布を持つグループに分類してみよう。

『万葉集』の各巻の区分
　『万葉集』の各巻の年代を揃えて次の6区分とする。

区　　分	年　　　代
（1）巻一	初期・白鳳が主・平安期（和銅5年まで）
巻二	初期・白鳳期
（2）巻三・四	初期・白鳳期・天平期（天平16年まで）
（3）巻五・六	平城期・天平期（天平16年まで）
（4）巻八・九・十六	初期・白鳳期・天平期（天平15年まで）
（5）巻七・十一～十四	年代不明。作者不明
（6）巻十五	天平期（天平10年頃まで）
巻十七～二十	天平期（天平2年から天平宝字3年まで）

● データ
　これらの6区分の歌の数を各地名毎に数え、同じような分布を持つグループに区分すると次表を得る。

地　名	（1）	（2）	（3）	（4）	（5）（％）	（6）	合計
大和 a 1	13	10	7	2	19 (32.8)	7	58
飛鳥 a 2	7	6	1	3	14 (43.8)	1	32
吉野 a 3	6	4	6	6	5 (17.2)	2	29
奈良 b 1	4	5	11	7	10 (18.5)	17	54
難波 b 2	1	5	7	5	6 (15.4)	15	39
住吉 c 1	2	3	6	3	21 (53.8)	4	39
竜田 c 2	1	1	3	3	5 (31.3)	3	16
泊瀬 d 1	2	5	2	4	20 (60.6)	0	33
三輪 d 2	3	1	0	3	16 (69.6)	0	23
石上 d 3	0	4	2	4	13 (56.5)	0	23
三笠 d	2	2	3	2	8 (47.1)	0	17
住吉 d 5	2	3	6	3	21 (53.8)	4	39
春日 d 6	0	10	2	9	31 (58.5)	1	53
香山 d 7	(5)	(4)	0	0	(3) (25)	0	(12)
磐余 d 8	0	(3)	0	0	(2) (40)	0	(5)
合計 C 3	41	56	50	51	168 (40.4)	50	416

● 相関係数の計算式

・回帰直線

　大きさ n 個の標本について各個体あるいは要素の持つ二つの変数 x、y が与えられたとき、x と y の偏差積和及び偏差積和は次式で求められる。

$$Sx = \Sigma (x_i - \bar{x})^2 = \Sigma x_i^2 - n\bar{x}^2$$
$$Sy = \Sigma (y_i - \bar{y})^2 = \Sigma y_i^2 - n\bar{y}^2$$
$$Sxy = \Sigma (x_i - \bar{x})(y_i - \bar{y}) = \Sigma x_i y_i - n\overline{xy}$$

回帰係数 b は次式で与えられる。

$$b = Sxy / Sx$$

回帰直線は次式で与えられる。

$$y = a + bx$$

・相関係数と相関

　相関係数 r は次式で与えられる。

$$r = Sxy / \sqrt{Sx Sy}$$

さて今二つの変数 x と y が互いに独立に正規分布をして、これらの間に相関がないという仮定をたてると n 個の標本から求めた r について次式で与えられる t は、

$$t = \frac{r}{\sqrt{1-r^2}}\sqrt{n-2}$$

自由度 $\psi = n-2$ の t 分布をする。これによって二つの変数間に相関がないという仮説の検定を行うことができる。

・有意水準と判定の基準

有意水準と判定の基準は次表の通りである。

有意水準	判　　　定
Pr＞10％	有意性がない。すなわち仮説を捨てるべき理由がないので仮説を採用する。
10％＞Pr＞5％	かなりの有意性がある。すなわち仮説は幾分疑わしいが棄却する前に更に事柄を明らかにする必要がある。
5％＞Pr＞1％	有意性がある。すなわち仮説は正しくないと推定する。しかし推定に慎重を要すべきである。
Pr＜1％	高度に有意である。仮説は懸念することなく棄却する。

計算結果は次表の通りである。

地　名	r	t	有意水準	a	b	判　　定
大和 a 1						
飛鳥 a 2	0.88564	3.81073	5.0＜＜2.5	－1.86965	0.74514	有意性がある
吉野 a 3	0.01422			4.79572	0.00389	有意性なし
奈良 b 1						
難波 b 2	0.94849	5.9878	0.5＜＜0.1	－1.78947	0.92105	高度に有意性あり
住吉 c 1						
竜田 c 2	0.82661	2.93762	5.0＜＜2.5	1.54812	0.17208	有意性あり
泊瀬 d 1						
三輪 d 2	0.96843	7.6966		－0.61807	0.80935	高度に有意性あり
石上 d 3	0.98142			0.26604	0.64860	〃
三笠 d	0.95203			0.89034	0.35327	〃
住吉 d 5	0.93957	5.48883	1＜＜0.5	1.39065	0.92897	〃
春日 d 6	0.98209			0.22866	1.56449	〃
香山 d 7	0.28778			1.50654	0.08919	有意性なし
磐余 d 8	0.65729			0.26791	0.10280	〃
全体 b 3	0.98317	10.7730	0.1＜	26.4060	6.60421	高度に有意性あり

『万葉集』の歌の地名グループ

　各地名の相関性から、『万葉集』の中で歌数の多い地名は次の四つのグループに分けられることが分かった。

　　第1グループ　大和・飛鳥
　　第2グループ　奈良・難波
　　第3グループ　住吉・竜田・全体
　　第4グループ　泊瀬・三輪・石上・三笠・住吉・春日

　その他、いずれのグループとも相関性を有しない地名は吉野・磐余と天香山である。

● 第1グループ：大和・飛鳥

　相関係数　r＝0.88564　有意性あり。

　天智天皇は倭国の兄天大王の王権を簒奪して筑紫の京から近江の大津に遷都して大和王朝を創建した。天智の崩御の後天武天皇は大友皇子の近江朝を倒し大和高市郡明日香村に飛鳥浄御原宮を定めたが、このとき倭国の筑紫の地名を大和の地に移したと考えられる。

　大和の飛鳥は名実ともに大和王朝の文化の中心となり、大和と飛鳥に関する新しい歌が王族や下臣などによって歌われたと考えられる。

　この地名グループの特徴は次の通りである。

・白鳳・平城初期の歌が多い。
・天平期になると歌数が少なくなる。
・作者不明の歌が30〜40％で比較的少ない。

● 第2グループ：奈良・難波

　相関係数　r＝0.94849　高度に有意性がある。

　藤原京から平安京に遷都が行われたのは和銅3年（710）であり、奈良の都はこの時から延暦3年（784）まで約70年間京として栄えその後荒廃している。

奈良と難波の歌が高度に相関性があることは、難波港が平城京の門戸として、政治的経済的に密接な関係があり重要な役目を果していたことが分かる。
　この地名グループの特徴は次の通りである。
・奈良・難波の地名は白鳳時代から平城・天平期間を通じて常に歌い続けられているが、特に天平時代に多く歌われている。
・作者年代不明の歌が15〜20％で他に比して最も少なく、この地名の歌が『万葉集』中最も新しい歌群であることを示している。

● 第3グループ：住吉・竜田・全体
　住吉・竜田の相関係数　　r＝0.62661　有意性あり。
　住吉・全体の相関係数　　r＝0.98317　高度に有意性がある。
　この地名グループの特徴は次の通りである。
・白鳳・平城・天平期を通じて平均的に歌われている。
・作者年代不明の歌は住吉50％、竜田30％、全体40％で竜田が新時代の歌であることを示している。
・住吉の地名はもともと筑紫に存在していたことから、この地名の歌は泊瀬歌と相関性があり高度に有意性がある。

● 第4グループ：泊瀬・三輪・石上・三笠・住吉・春日
　この六つの地名はもともと筑紫に存在していた地名であり、大和王朝の創建以来必要に応じて筑紫から大和に移されたのではないかと考えられる。
　これらの地名の歌の相関性はいずれも高度に有意性があり、次の特徴がある。
・初期に歌われている歌も見受けられるが、白鳳期から平城期に最も多く歌われている。
・住吉以外は天平期になると全く歌われなくなる。

Ⅰ　『旧唐書倭国日本伝』と倭国の滅亡

・作者年代不明の歌が50〜70％を占めており、これらの作者年代不明の歌の中には古い倭国時代の筑紫の歌が含まれていると考えられる。

『万葉集』中の地名歌の区分分布と筑紫と大和の名地図

以上の関係を更にはっきり比較すべく前表を百分率で示すと次表の通りである。

	（1）	（2）	（3）	（4）	（5）	（6）	合計
大和・飛鳥	0.222	0.178	0.088	0.056	0.367	0.089	1.00
奈良・難波	0.054	0.107	0.193	0.129	0.173	0.344	1.00
住吉・竜田	0.054	0.073	0.164	0.109	0.473	0.127	1.00
泊瀬その他	0.047	0.132	0.08	0.132	0.579	0.03	1.00

これを下図に示す。

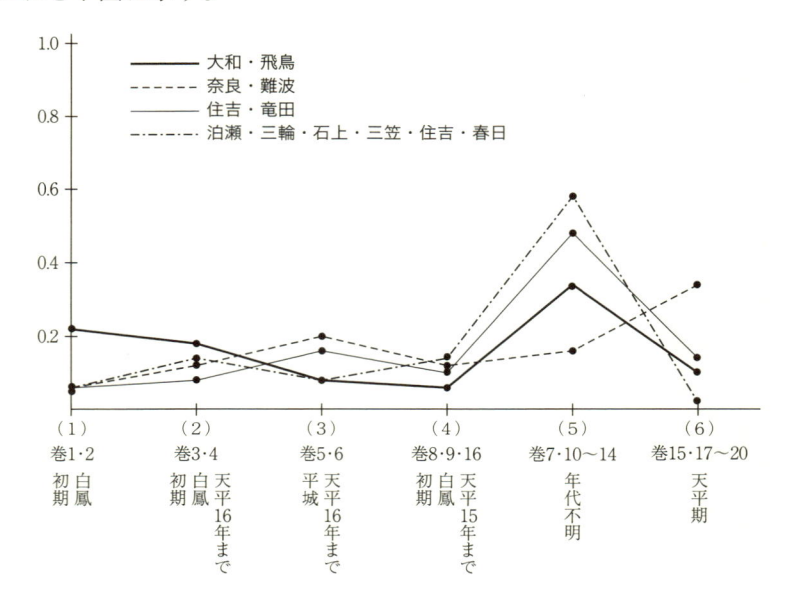

また筑紫と大和の泊瀬・三輪・石上・三笠・住吉・春日・香山・磐余等の地名をそれぞれの福岡と近畿地方の地図に示すと次図の通りとなる。

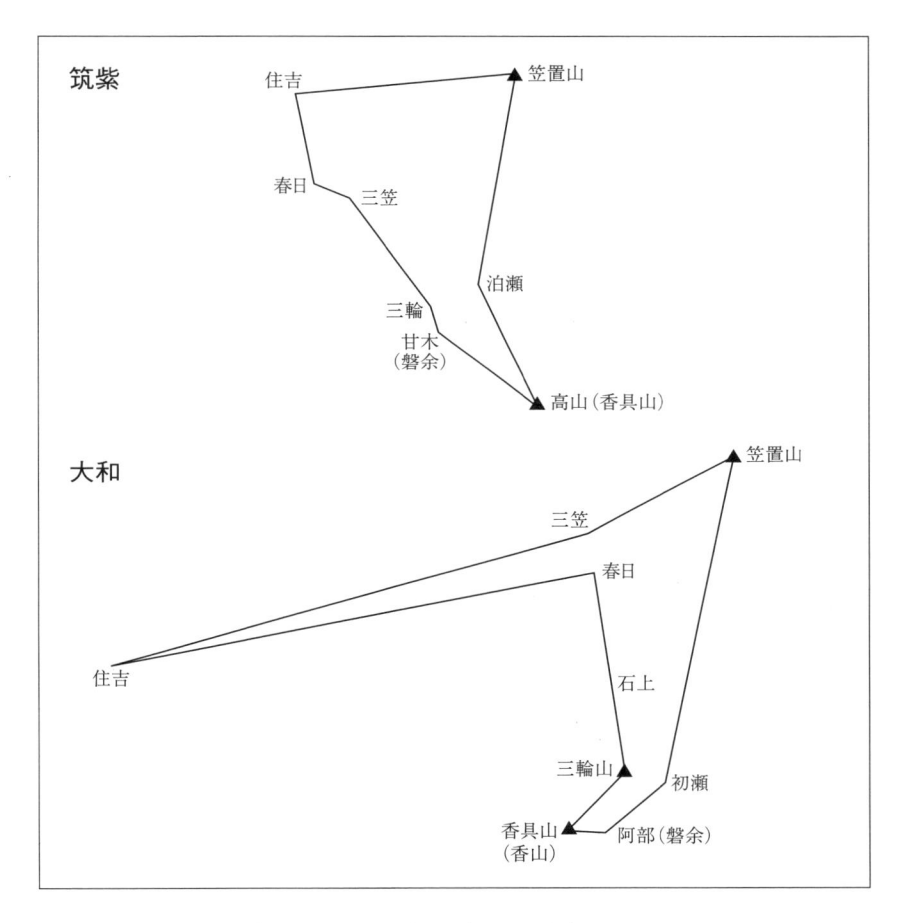

```
筑紫
         住吉────▲笠置山
         春日    
            三笠   
                泊瀬
              三輪
              甘木
             （磐余）
                  ▲高山(香具山)

大和
                         ▲笠置山
              三笠
                 春日
           石上
住吉
              三輪山    初瀬
              香具山  阿部(磐余)
              (香山)
```

　筑紫と大和の地名を比較すると、大和の地名は、

・住吉が筑紫の距離より遠くなっている。

・香具山と磐余が接近し位置が逆になっている。

・三笠と春日も位置が逆になっている。

　このように筑紫の地名を大和に移すとき、大和の地形により場所を変えていることが分かる。

　以上を要約すると次の通りとなる。

・筑紫の泊瀬・三輪・石上・香山・（磐余）・住吉などの地名は壬申の乱

Ⅰ　『旧唐書倭国日本伝』と倭国の滅亡　　51

の後近江大津宮より天武が飛鳥浄御原宮に遷都した際にこれらの地名を大和の地名として移設し、当時の宮廷歌人に移設した地名の歌を歌うことを奨励し地名の定着を図っている。
・また三笠・春日・(笠置)などは元明が平城京に遷都した際に筑紫より移設し、同様に当時の宮廷歌人にこれらの地名を歌わせて、地名が大和に定着すべく図ったと考えられる。
・この地名のうち磐余は大津皇子の自殺した悲劇の地名であり、大和に移設するのを見合わせ、その代わりに筑紫の磐余を消去したと考えられる。

香具山と磐余

香具山と磐余は、倭国の筑紫の「いわれのある」地名であったことはすでに拙著においてしばしば言及しているが、前節の筑紫に存在していたと考えられる泊瀬地名との相関係数 r はそれぞれ0.28778、0.65729で相関性がないことは不思議に思われる。

その理由は泊瀬グループの地名は作者年代不明の歌が全体の歌の50～70%であるのに対して、この両地名はそれぞれ25、40%となっており他の歌に対して割合が低いので、これを60%に引き上げた場合どうなるか計算することにしよう。

地　名	(1)	(2)	(3)	(4)	(5)	(6)	合計
泊瀬e1	2	5	2	4	20 (60.6)	0	33
香山e2	5	4	0	0	13 (59.1)	0	22
磐余e3	0	3	0	0	5 (62.5)	0	8

計算結果は次表の通りである。

地　名	r	t	有意水準	a	b	判　定
香山e2	0.90859	4.3515	5.0≫1.0	0.19190	0.63178	有意性あり
磐余e	0.89869	4.0983	〃	−0.12648	0.26542	〃

これから次のことが分かる。
・中大兄は筑紫の京より直ちに近江の大津の京に遷都しており、天武の飛鳥浄御原宮及び持統の藤原宮は知らなかったと考えられるのに、香具山・畝傍山・耳梨山を歌っており、これは『万葉集』の編纂者の改ざんであると考えられる（『万葉集』13歌・中大兄三の山の歌）。
・大和の香具山は耳梨・畝傍山を加え三山を一緒に歌っているが、倭国の高山は石田王の挽歌のように泊瀬山・御諸などと一緒に歌われているので、倭国の香具山の年代不明・作者不明の歌は除去されたのではないかと考えられる。
・磐余の年代不明・作者不明の歌も筑紫の磐余の歌とはっきり分かる歌はすべて除去されたのではなかろうか。

5　結　び

　私は『記紀と推計』を出版した後、もう残された仕事はなくなったと考えて日を過ごしていたが、昨年8月末に改めて『旧唐書倭国日本伝』の「日本国は倭国の別種なり」云々を読み、まだこの問題を全然解いていないことに気が付いた。それから古田武彦著『失われた九州王朝』の第四章「代表者はいつ交代したか」を再読し、貞観22年について色々考えているうちに、ふと舒明は兄天利歌弥多弗利の弟日王であり利歌弥多弗利の在位期間をそのまま舒明に置き換えているのではなかろうか、という考えが行く水のように脳裏に流れ去った。

　私は早速九州年号を開き、舒明12年に命長という年号が有るので、利歌弥多弗利の在位は仁王の即位年（623年）から命長（640年）までの17年であると考えた。これまで私は孝徳の品格に利歌弥多弗利の品格を利用しており、孝徳の治世までが利歌弥多弗利の治世だという考えに支配されその考えから一歩も抜け出すことができなかった。

　利歌弥多弗利の在位を命長までとすることにより、それまで難攻不落の問題であった「日本国は倭国の別種なり」がいとも簡単な算術の問題のようにすらすら解けたのである。

　この問題を解く二つの鍵は次の通りである。
① 倭王は天を以て兄となし、日を以て弟となす（『隋書俀国伝』）。
② 記紀は倭国の並列的な兄天・弟日王を直列に並び替えて嫡子相続に置き換えている（『記紀と推計』）。

　『遣唐使』（東野治之著、岩波新書、2007年）において、著者は次のように述べている。

　　アメタラシヒコは誰か
　　　なおこの時の使いが『隋書』で阿毎多利思比孤の使者とされてい

るので、これが当時の君主の名や一般的な称号であるとする意見が有力だが、これに続く使者の言葉とともに、あまり額面どおりに受け取るのは考え物である。そもそも中国文献については、これを全面的に信頼できるものとして一字一句を取り上げ日本側史料の批判に使う研究者が少なくない。しかしそれは極めて危険であり、中国文献が正しいという保証はない。

　私は、すでに過ぎ去った幕末から明治にいたる尊王攘夷論者のように、あくまで記紀に立脚して『中国正史倭国伝』を全然信用せず排他的な古代史学者は、『旧唐書倭国日本伝』の「日本は倭国の別種なり」を永遠に解くことができないのではないかと思われる。またこのような思考方法が日本古代史の解明と発展を現在に至るまで阻害し続けてきたと考えている。
　『中国正史倭国日本伝』は当時の事実を忠実に観察し記述するという科学的な不朽の写実文であり、記紀はただ単に造作の写偽文であるに過ぎない。
　一人の力では何事も成就しない。真理は真摯で何ものも恐れない若者の双肩にかかっている。もうすでに邪馬台国論争は過去の陳腐な発想の残渣に過ぎなくなった。
　若者よ、今こそ立ち上がり真の日本古代史を建設しよう。
　真理愛す若き学徒よ集まりて新日本古代史を開拓しよう！

Ⅱ 倭国の国造・部民制・屯倉制についての一考察

緒　言

　すでに記紀の大和王朝史は北部九州の筑紫に存在し『中国正史倭国伝』に明記されている倭国史を換骨奪胎して置き換えたものであることを明らかにしているので、ここでは如何にして倭国の国造(くにのみやつこ)・部民制(べみん)・屯倉制(みやけ)を大和王朝の制度として組み換えているかを考察しよう。

　記紀を読み通して国造・部民制・屯倉制について整理をしようとするとき、この制度の記録が非常に漠然としていて、いつから、どの制度から順次に制定されたのか非常に曖昧であり、どこから手を付けるべきか分からないと感じるほどである。したがってこの制度を曖昧にし、漠然とさせている疑問点を最初にあげることにしよう。

・神武東征の論功行賞に神武が直接倭国から引率してきた部下の数が非常に少なく、かえって大和で神武軍に服従した土地の族長を国・県の長官として行賞している。

・神武以後の欠史八代には日子名称の王とその氏族が記録されており、崇神以後は彦・別・宿禰の王族の時代となり履中時代までこの傾向が続いている。

　　彦・別名称は履中時代でほぼ終わり、その後雄略時代まで細々と続いているが、これらの名称と入れ替わって和名称が漸次増加してくる。

　　また宿禰名称は雄略時代に７名まで増加しその後は蘇我氏だけに受け継がれていて、これも敏達以後は消滅している。

・初期天皇の時代から仁徳までの日子名称の人名は遠祖名称で倭国の部民制の氏姓に接続されているが、この氏姓が何時始まったか、またどうしてこれらの氏姓が始まりまた定められたか等一切不明である。

・遠祖の国造・部民制についての制度・内容については全く説明されていない。

　以上について考察することにしよう。

1　神武東征の論功行賞

　神武東征の論功行賞についてまとめると次の通りである。
　　道臣命　　　宅地を賜い築坂邑に侍らす。
　　大来目　　　畝傍山の西辺来目邑に侍らす。
　　珍彦　　　　倭国造　　倭直部の遠祖
　　弟猾　　　　猛田県主
　　弟磯城　　　磯城県主
　　頭八咫烏　　葛野主殿県主

　以上のように、九州の日向から吉備に到り3年の年月をかけて準備を整え、大和攻略にほぼ1年を費やしているが、その一番の功労者である道臣命と大来目はそれぞれ居住する邑を貰っただけであるのに、途中から神武軍に従った珍彦や頭八咫烏に国造や県主の地位を与え、また敵国で寝返りを打った弟猾と弟磯城に県主の地位を与えている。

　ここで特に奇異に感じるのは倭国の功労者が非常に少ないことである。

2　日子・別・宿禰名称

記紀・風土記および『延喜式神名帳』の中の日子・別・宿禰

　付表1（P.80）に『古事記』に登場する日子・別・宿禰名称、付表2（P.82）に『日本書紀』の彦・別・宿禰名称。付表3（P.85）に『古事記』の神話および『風土記』の別名称、付表4（P.86）に『延喜式神名帳』の中の別神を示す。

　これらの付表を参照してそれぞれの日子・別・宿禰の員数を調べると次表の通りとなる。

	日子	別	宿禰
『古事記』	42	28	16
『日本書紀』	71	48	39
『古事記』神話	20	12	
『日本書紀』神話	11	0	

　次に『延喜式神名帳』の中の別神は次表の通りである。

『延喜式神名帳』	伊豆国	陸奥国	大和国	山城・和泉・近江・信濃・美作
別神（％）	10（10.9％）	11（11％）	5（1.7％）	2

　『風土記』においては播磨国が6名（5.8％）となっており、九州の豊後・肥前・筑前は別名称が見当たらず風土記逸文の日向国に笠狭武別（かさむわけ）の名前が見えるだけである。

　『延喜式神名張』の中には銅鐸文化の浸透しなかった伊豆国・陸奥国に別神が多く残されていることが分かる。また大和国は5個のうち4個が水分神であり銅鐸文化の浸透により漸次別が日子に交代したのではないかと考えられる。

日子名称と宿禰名称

　日子と宿禰名称が銅鐸を現した名称であることは、すでに拙著『古事記は銅鐸を記録している』（葦書房、1991年）の中で詳しく述べているので、ここではその要点をあげることにする。

　佐原真氏は鈕の断面が始めは菱形で、吊手にふさわしい形であったが、次第にその部分が装飾的になり吊り下げることのできない薄い板に変わってくることに注意を向けて、鈕型による分類を次のように定めた。

　①　菱環鈕式、②　外縁付鈕式、③　扁平鈕式、④　突線鈕式

　次に初期天皇の和風諡号に含まれる日子名称は、次の通り変化している。

　日子→帯日子→根子日子→入日子→大帯日子（若帯日子・中帯日子）

　この日子名称の変化と銅鐸の発展型式を対応させると次表の通りとなる。

銅鐸の発展型式	日子名称	銅鐸の種類
①　菱環鈕式	日子・帯日子	打って鳴らす銅鐸
②　外縁付鈕式	根子日子	〃
③　扁平鈕式	入日子	立てて眺める銅鐸
④　突線鈕式	大帯日子（若帯日子・中帯日子）	〃

　記紀の人名の中には「打って鳴らす銅鐸」と「立てて眺める銅鐸」についてのさまざまな表現を見ることができる。これらの表現について調べることにしよう。

●打って鳴らす銅鐸

　鳴らす銅鐸については、那賀須泥毘古（流す音日子）・鐸日子・斎鐸・惶根尊・面足尊・日子玉手見・振根など流す音・さ鳴き・かしこ音・面垂らす・振り音など音と関係した表現となっているが、欠史八代の人名の中には日子と根を有する名称に満ちている。また『古事記』には大入杵命・柴野入杵の名称が記されて日子名称に混入しているが、これは銅

Ⅱ　倭国の国造・部民制・屯倉制についての一考察　　61

鐸の舌を現していると考えられる。

整然とした日子名称を表に示すと次の通りである。

日子根(音)杵	帯	入	根子	大	少	高	宿	惶	千
	帯日子垂根	入日子入根 入杵	根子日子根子	大日子大根 大入杵	少日子	高日子	宿禰(すくね)待根	惶根(かしこね)振根	千根

● 立てて眺める銅鐸

立てて眺める銅鐸は神話の底立尊(そこたち)・常立尊(とこたち)・狭立尊(さたち)のように文字通り立つと表現されている。これと類似の神名・人名を記紀及び『延喜式神名帳』の中から探すと次の通りである。

曙立(あけたつ)・朝立・立田・狭立・底立・常(床)立・石立・立石・布留立(ふるたつ)・猿田（去田）

これらの名称は日子（彦）と結合し人名や神名となっている。

日子名称の変遷については次のように推移したのではないかと考えられる。

● 銅鐸＋日子

まずはじめは流す音日子・鐸日子・日子玉手見（瓊手見）・根子（音子）日子の名称のように、銅鐸に日子を補助的に付け加えて呼んでいたと考えられる。

● 銅鐸の形容あるいは動作＋日子

次に日子寤間(さめま)［記］・朝倉曙立(あさくらあけたつ)［記］・朝多知比古［延・阿波］・朝倉彦［延・出雲］・石倉比古［延・能登］・日子坐(ひこいます)［記紀］・片山（形山）日子［延・備前］・立田彦・立田建埋根［延・石見］・猿田彦（去田日子）［記紀］・比古多々須美知宇斯(ひこたたすみちのうし)［記］・角避比古(つのさり)［延・遠江］

このように銅鐸が大きくなり立てて眺める銅鐸の時代に近づいたとき、日子が銅鐸名称の代名詞となったと推定される。

● 日子神
　この銅鐸の代名詞の日子は遂には次のように神まで昇華している。
　比古神［『肥前風土記』逸文］・神日子・比古神［『播磨風土記』］・神大根(かむおおね)［記］・神根［延・備前］

● 国土地＋日子
　磯城津日子(しほ)・狭穂彦・吉備津彦・内避高国避高松屋種(うつひこくにひこまつやたね)・菟狭津彦(うさつ)・熊津彦・阿蘇都彦(あそつ)

　日子は近畿の銅鐸圏では銅鐸を現しているが、記紀を編纂した時代には銅鐸に全く関係のない倭国の宇佐や阿蘇の人名として和名を省き便宜的に「国・土地＋日子」として使用している。

　宿禰は「宿す音」の意味であり日子に対する根（音）に属する名称であり、銅鐸を表している。すでに拙著『記紀と推計』において、宿禰の姓は天武13年の八色の姓を制定したときに初めて定められたことを推計学的計算により明らかにしている。
　これから宿禰名称は日子と同じく銅鐸名称であることから宿禰名称を欠史八代まで遡上して使用していることが分かる。

歴代天皇の日子・別・宿禰名称の分布
　付表2『日本書紀』の彦・別・宿禰名称の分布を参照し（P.82）、歴代天皇条の彦・別・宿禰の員数を求め次表に示す。

	天皇	日子 数	日子 割合	別 数	別 割合	宿禰 数	宿禰 割合	人名合計
1	神武	5	0.139	1	0.028			36
2	綏靖	1	0.143					7
3	安寧	3	0.429			1	0.142	7
4	懿徳	3	0.5					6
5	孝昭	2	0.669					3
6	孝安	1	0.25					4
7	孝霊	5	0.714					7
8	孝元	5	0.833			1	0.167	6
9	開化	3	0.5					6
10	崇神	8	0.216	1	0.027	2	0.054	37
11	垂仁	8	0.191	6	0.143	2	0.048	42
12	景行	15	0.205	17	0.233	1	0.0137	73
13	成務	0						8
14	仲哀	1	0.063	2	0.125			16
15	神功	3	0.13	5	0.217	3	0.13	23
16	応神	3	0.094	7	0.219	7	0.219	32
17	仁徳	1	0.029	2	0.057	4	0.114	35
18	履中	0		2	0.091	3	0.136	22
19	反正	0						3
20	允恭	2	0.182			1	0.091	11
21	安康	0						6
22	雄略	2	0.021	2	0.021	7	0.074	95
23	清寧	0						16
24	顕宗	0				4	0.222	18
25	仁賢	0						4
26	武烈	0						8
27	継体	3	0.083					36
28	安閑	0						19
29	宣化	1	0.059			1	0.0588	17
30	欽明	1	0.0147			1	0.0147	68
31	敏達	1	0.02	1	0.02	1	0.02	50
32	用明							30
33	崇峻							46
35	推古							90

　この表を参照し神武から雄略までの日子と別の相関を求めると次の通りとなる（成務・反正・安康を除く）。

・員数による相関

　　相関係数　　r＝0.72803　　a＝－0.83647　　b＝0.857647
　　　　　　　　x＝3.737　　n＝19　　t＝4.3786　　Pr＝＜1％
　これから日子と別は高度に有意であり、相関があることが分かる。
・員数割合による相関

　　相関係数　　r＝－0.47252　　a＝0.105268　　b＝－0.15814
　　　　　　　　x＝0.2729　　n＝19　　t＝2.2106　　10％＞Pr＞5％
　これからかなりの有意性があることが分かる。

　しかし、員数の相関に反して逆相関となっている。このように逆相関になっていることは、別のほうが新しい時代の産物であることを表しており『延喜式神名帳』に反していることから作為性が強いことが分かる。

　また崇神から顕宗までの別と宿禰の員数による相関を求めると次の通りとなる。

　　相関係数　　r＝－0.11536　　a＝3.30758　　b＝－0.54167
　　　　　　　　x＝4.0　　n＝11
　この結果、別と宿禰は全く相関がないことが分かる。

　以上の相関関係の計算結果から、日子と別の相関は恣意に別名称を挿入し、たまたま相関が生じたと考えられる。

まとめ

　以上の検討結果をまとめると次の通りとなる。
・神武東征時の磐排別(いはおしわく)を始原に持つ別名称は欠史八代の後崇神の皇子名として復活し景行時代にピークとなり、景行の七十余りの皇子が皆国郡に赴任されて諸国の別となったと記されている。次のピークは応神時代で、ここでは別名称は吉備の諸族に受け継がれ彼らが応神天皇に饗応したので、これを賞して吉備の国を分譲したと記されている。

　　これらの説話はともに連続性がない上に、現実離れが甚だしく作為されていることが明らかで、単に旧制度であった別の概要を説明して

いるように考えられる。すなわち前者は親から子孫への土地の分譲、後者は功労者に対する支配者からの土地あるいは物などの分譲を表していると思われる。

・日子と宿禰は明らかに銅鐸名称であり、神武の後に欠史八代の銅鐸国の譜系を挿入したため、崇神より次第に日子名称を漸次減少させることにより倭国史とスムーズに接続すべくその員数を調整している。清寧以後明らかに事実上日子名称は消滅している。

・記紀は日子（彦）・別・宿禰名称に権威と真実性を付与すべく、日子名称は神武・聖武、別姓は景行・履中・反正・天智、宿禰姓は允恭の各和風諡号に付加している。

・別はすでに述べたように『延喜式神名帳』の伊豆国・陸奥国に神名として残されており、弥生時代の名称であったと考えられ、記紀はそれを日子・宿禰名称と混用し旧時代の制度として記録に留めていると考えられる。

3 始祖・遠祖と天武時代の姓

付表5（P.87）に初期天皇の時代の始祖・遠祖の関係を示す。この表の始祖・遠祖のおのおのの氏姓と天武・文武・推古時代に登場している氏族の姓を比較し一致している姓に適合させると次表の通りとなる。

始祖・遠祖	天武時代	文武時代	推古時代	その他
倭直部 倭国造（やまとくにのみやつこ）	倭直・倭漢直 大倭連	大倭忌寸五百足（いみきももたり）	倭漢直福因（ふくいん）	
葛城国造（かつらぎ）	葛城直・葛城連			
中臣氏	中臣連大嶋	中臣朝臣意美麻呂（おみまろ）	中臣連国	
大伴氏	大伴宿禰美行（みゆき）	大伴宿禰御行（みゆき）	大伴連囓（くい）	
吉野首部（よしのおびとら）				
阿太養鵜部（あたうかいら）				
大来目部（おおくめら）	来目臣・来目舎人造（とねりのつくり）			
磯城県主（しきあがたぬし）	磯城県主			
安倍臣	安倍臣	安倍朝臣御主人（みうし）	安倍鳥臣	
膳臣（かしわでのおみ）	膳臣摩漏・膳臣（まろ）		膳臣大伴	
狭狭城山君（さきやまきみ）				
筑紫国造	筑紫太宰栗隈王（くるくまおう）			
越国造（こしのくに）				
伊賀臣（いが）	伊賀臣			
穂積臣（ほずみ）	穂積臣百足（ももたり）	穂積臣山守	穂積臣	
和珥臣（わに）	和珥臣君手（きみて）	丸珥臣君手		
三輪君	三輪君小首（こびと）			
物部連	物部連麻呂		物部依網連抱	
出雲臣	出雲臣狛（いぬ）	出雲臣狛		
上毛野君（かみつけの）	上毛野君	上毛野朝臣小足（おたり）		
下毛野君（しもつけの）	下毛野君	下毛野朝臣古麻呂（こまろ）		
矢田部造	矢田部造		矢田部造	
鳥取造（ととり）	鳥取造			
讃岐国造（さぬき）				
多臣（おおのおみ）	多朝臣品治（ほむじ）	太朝臣安麻呂（やすまろ）		

Ⅱ 倭国の国造・部民制・屯倉制についての一考察

国前臣(くにさき)				大分県国東半島
犬上君	犬上君		犬上君御田鍬(みたすき)	
武部君(たけるべ)				
綾君(あや)	綾君			
来熊田	※不詳			
笠臣	笠臣	笠朝臣麻呂		
大田君	※不詳			
上形君				遠江国城飼郡土形郷
榛原君				遠江国榛原郡榛原郷
三野臣				備前国三野郡三野郷
平群臣(へぐり)	平群臣	平群朝臣安麻呂	平群臣宇志	
的臣(まとのおみ)	※仁徳紀(的戸田宿禰)			
小泊瀬造(おはつせ)	小泊瀬造			
播磨国造(はりま)				
紀臣	紀臣阿閉麻呂	紀朝臣男人(おひと)		
土部連(はじべ)	土師宿禰甥(おい)	土師宿禰馬手(うまて)	土部連菟(うさぎ)	
津守連(つもり)	津守連			
計43	29	14	11	

　この表のうち記紀の歴代紀の中にその氏姓のない国前臣・来熊田・太田君・土形君・榛原君・三野臣の6項目を除き37の氏姓に対しそれぞれ天武・文武・推古朝の適合した氏姓の割合を求めると次の通りとなる。

　　　　　　　天武　　　文武　　　推古
　割合（％）　78.4　　　37.8　　　29.7

　この結果から、初期天皇の時代に登場している各日子名称王族の頭に始祖・遠祖名称を冠し、天武時代の壬申の乱に活躍した各氏姓に接続していることが分かる。

　以上の考察から次のことが分かる。
・大彦命は安倍直・膳臣・阿閉臣・狭狭城山君・筑紫国造・越国造・伊

賀臣などの7族の始祖となっているが、交通の不便な古代にあって筑紫から伊賀、越国などその氏族が全国に広がっているのは常識では考えられず、単に筆先の創作ではないかと考えられる。
- 大彦、鬱色雄（打つ醜男）（穂積臣）、大水口宿禰（穂積臣）、大田田根子（三輪君）、彦国葺（和珥臣）、彦八綱田（倭直）、田裳見宿禰（津守連）、大浜宿禰（阿曇連）、仲彦（上道臣・香屋臣）、弟彦（三野臣）など日子・宿禰名称を有する銅鐸国の人名に倭国の氏姓の始祖・遠祖名称をその上に冠し日子名称と倭国の氏姓を接合している。
- 初期天皇の条の日子名称王族に始祖・遠祖として冠せられた氏姓は天武天皇の壬申の乱の功労者の氏姓が約80％を占めており、彼らの祖先が大和王朝の創立期に活躍していた証としている。
- これから大和王朝は筑紫に存在していた倭国を大和の大和王朝に置換すべく、まず銅鐸国の日子・宿禰名称に始祖・遠祖名称を冠し、この氏姓を天武時代の功労者の氏姓として、二重の虚構の上に大和王朝史を構築している。

4 『日本書紀』の屯倉

　すでに記紀は倭国の兄弟執政の並列である兄天・弟日大王を直列に並び替えていることを明らかにしている。
　倭国の兄天・弟日大王の譜系は次の通りである。

　　兄天……神武、仲哀、応神、仁徳、履中、允恭、安康、雄略、武烈、
　　　　　　欽明、箭田珠勝、阿毎多利思比孤、利歌弥多弗利
　　弟日……景行、崇神、垂仁、成務、反正、清寧、顕宗、仁賢、継体、
　　　　　　安閑、敏達、押坂彦人大兄、舒明

　これから崇神・垂仁・景行紀はそれぞれ神武から仁徳紀までの記事を適当に選択して挿入し、更に虚構の説話を創作し充当していると考えられる。
　したがって、『日本書紀』の記事を上記の兄天大王の記事に並び替えると次の通りとなる。＊以下、兄天王の名前に●を付す。
● 仲哀（崇神）
　仲哀二年二月　即(その)月に、淡路屯倉(みやけ)を定む。
● 応神（垂仁）
　（垂仁二十七年）是歳、屯倉を来目(くめむら)邑に興つ。
　［来目＝大和国高市郡。『延喜式神名帳』に久米御県神社が見える。『和名抄』に高市郡久米郷。今、橿原市久米町付近。］
　（景行五十七年冬十月に、）諸国に令して、田部(たべの)屯倉を興(た)つ。
● 仁徳（成務）
　（成務五年の秋九月に）諸国に令して、国郡に造長(みやつこおさ)を立て県邑に稲置(いなき)を置く。並びに盾矛を賜いて表(しるし)とす。
　（応神四十一年春二月）この時に、額田(ぬかだ)大中彦皇子、将に倭の屯田(みた)及

び屯倉を掌らむとして、その屯田司出雲臣が祖淤宇宿禰に語りて曰く云々。

因りて倭の屯田を問いたまう。対へて言さく、「伝に聞る、垂仁天皇の世に、太子大足彦尊に科せて、倭の屯田を定めしむ。この時に、勅旨は、『凡そ倭の屯田は、毎に御宇す帝皇の屯田なり。それ帝皇の子と雖も、御宇すに非ずは、掌ること得じ』とのたまいき。

　＊垂仁紀には、倭の屯田を定めた記事は見えない。

（仁徳十三年秋九月に、）始めて茨田屯倉を立つ。因て春米部を定む。

　［茨田郡屯倉＝『和名抄』の河内国交野郡三宅郷（現大阪府北河内郡片野町付近）の地か。宣化元年五月条にも名が見える。］

● 履中（反正）

元年夏四月に、また阿曇連浜子に従へる野嶋の海人等が罪を許して、倭の蔣代屯倉に使う。

　［蔣代屯倉＝所在未詳。］

● 雄略（仁賢）

二十年の冬、寡人聞く、百済国は、日本国の官家として、有り来ること久し。

（清寧二年冬十一月に、）大嘗供奉る料によりて、播磨国に遣わせる司、山部連の先祖伊予来目部小楯、赤石郡の縮見屯倉首忍海部造細目が新室にして、市辺押磐皇子の子億計・弘計を見でつ。

　［縮見＝兵庫県三木市志染町付近。『和名抄』に播磨国美嚢郡志深〔之々美〕郷］

● 武烈（継体）

（継体八年春正月に、）詔して曰く、「朕が子麻呂古、汝が妃の詞、深く理に称えり。いずくんぞ空しとして答え慰めることなけむ。匝布屯倉を賜ひて、妃の名を万代に表せ」とのたまう。

　［匝布屯倉＝他に見えず。匝布は大和国添上郡の地名。佐保に同じ。今の奈良市佐保川町。この説話では春日皇女の名を伝えるために置かれたとしているが、佐保は春日の地に近い。津田左右吉は、この類の説話は、屯倉の由来を説明す

Ⅱ　倭国の国造・部民制・屯倉制についての一考察　　71

るための後世の造作で、いずれも事実とは認め難いとしている。]

（継体二十二年十二月に、）筑紫君葛子、父の罪により誅せられむことを恐りて、糟屋屯倉を献じて、死罪を贖はむことを求む。

[糟屋屯倉＝『和名抄』に筑前国糟屋郡。今の福岡県糟屋郡。]

●欽明（安閑）

（安閑元年冬十月十五日）大伴大連金村、奏してもうさく、「小墾田屯倉と国毎の田部とを以て、紗手媛に給はむ。桜井屯倉、（一本に云はく、茅渟山屯倉を加え給うという）と国毎の田部とを以て、香香有媛に給はむ。難波屯倉と郡毎の钁丁とを以て、宅媛に給はむ。以て後に示して、昔を観しめむ」とまうす。

[小墾田＝小治田とも、飛鳥の辺り。大和国高市郡。／桜井屯倉＝『和名抄』に河内国河内郡桜井郷。今の大阪府牧岡市池島の辺りか。／茅渟＝泉国一帯の地域の名。茅渟県・茅渟海・茅渟宮などがある。奈良時代に茅渟宮があったのは大阪府泉佐野市上之郷の地。／難波屯倉＝喜田貞吉は孝徳紀大化２年正月是月条の子代離宮の注に「難波狭屋部邑子代屯倉」とあるものがこれにあたるであろうという。狭屋部邑は『和名抄』に摂津国西成郡讃楊郷。今の大阪市内高津。]

（安閑元年十二月四日）蓋し三島竹村屯倉には、河内県の部曲を以て田部とすることの元、ここに起これり。

[三島竹村屯倉＝所在は不詳。]

この月に、あわせて安芸国の過戸のいほ城部屯倉を献じて、女の罪を贖ふ。

[いほ城部屯倉＝『和名抄』に安芸国佐伯軍伊福郷。今の広島県安佐郡安佐町か。]

国造使主、かしこまり喜び懐に満ちて、黙しいることあたわず。慎みて国家のために、横渟・橘花・多氷・倉樔、四所の屯倉を置き奉る。

[横渟＝『和名抄』の武蔵国横見郡（現埼玉県比企郡吉見村・東村山市北部か）。／橘花＝『和名抄』の武蔵国橘樹郡に御宅郷がある。今の神奈川県川崎市住吉、横浜市日吉付近か。『集解』に武蔵国久良郡大井郷かとするが疑わしい。／倉樔

＝通証・通釈は榬は樹の誤りで、『和名抄』の武蔵国久良〔久良岐〕郡（現横浜市）かとする。〕

（安閑二年五月九日に、）筑紫の穂波屯倉・鎌屯倉・豊国の膽崎屯倉・桑原屯倉・肝等屯倉・大抜屯倉・我鹿屯倉・火国の春日部屯倉・播磨国の越部屯倉・牛鹿屯倉・吉備後国の後城屯倉・多禰屯倉・来履屯倉・葉稚屯倉・河音屯倉・婀娜国の胆殖屯倉・胆年部屯倉・阿波国の春日部屯倉・紀国の経湍屯倉・河辺屯倉・丹波国の蘇斯岐屯倉・近江国の葦浦屯倉・尾張国の間敷屯倉・入鹿屯倉・上毛野国の緑野屯倉・駿河国の稚贄屯倉を置く。（略）九月三日に、桜井田部連・県犬養連・難波吉士等に詔して、屯倉の税を掌らしむ。

（宣化元年夏五月一日に、）詔して曰く、「食は天下の本なり。黄金万貫ありとも、飢えを癒すべからず。白玉千箱ありとも、何ぞ能く冷を救はむ。それ筑紫国は、遠く近く朝で至る所、行き来の関門にする所なり。ここを以て、海表の国は、海水を候ひてまうき、天雲を望りて貢奉る。胎中之帝より、朕が身に至るまでに、穀稼を収蔵めて、儲粮を蓄へ積みたり。遙かに凶年に設け、厚く良客を饗す。国を安みする方、更に此れに過ぐるは無し。故、朕、阿蘇乃君を遣わして、加、河内国の茨田郡の屯倉の穀を運ばしむ。蘇我大臣稲目宿禰は、尾張連を遣わして、尾張国の屯倉の穀を運ばしむべし、物部大連麁鹿火は、新家連を遣わして、新家屯倉の穀を運ばしむべし、阿倍臣は、宜しく伊賀臣を遣わして伊賀国の屯倉の穀を運ばしむべし。官家を、那津の口に造りたてよ。又其の筑紫・肥・豊、三つの国の屯倉、散れて遠隔に在り。運び輸さむこと遙かに隔たれり。若し用いむとせば、以て俄かに備へむこと難かるべし。また諸郡に課せて分り移して、那津の口に集め建てて、非常に備えて、永ら民の命とすべし。早く郡県に下して、朕が心を知らしめよ」とのたまう。

（欽明十六年秋七月四日に、）蘇我大臣稲目宿禰・穂積磐弓臣等を遣わして、吉備の五つの郡に、白猪屯倉を置かしむ。

［白猪屯倉＝続紀より美作国大庭郡（現岡山県真庭郡東部）の地かともいうが確かでない。］

十七年秋七月六日に、蘇我大臣稲目宿禰等を備前の児嶋郡に遣わして、屯倉を置かしむ。葛城山田直瑞子を以て田令にす。

［児嶋屯倉＝敏達十二年この歳条に吉備児島屯倉ちあり、『和名抄』に備前国児島郡三家郷（児島半島北東部）が見える。］

冬十月に、蘇我大臣稲目宿禰等を倭国の高市郡に遣わして、韓人大身狭屯倉、高麗人小身狭屯倉を置かしむ。紀国に海部屯倉を置く。

［身狭＝今の奈良県橿原市見瀬町の地。／海部＝『和名抄』に紀伊国海部郡みや家郷がある。］

二十三年の春正月に、新羅、任那の官家を打ち滅ぼしつ。

三十年の春正月一日に、詔して曰く、「田部を量り置くこと、其の来ること尚し。年始めて十余り、籍に脱りて課を逃れる人多し。胆津を遣わして白猪田部の丁の籍を検へ定めしむべし」とのたまう。

夏四月に、胆津、白猪田部の丁者を検へ閲て、詔のままに籍を定む。果たして田戸を成す。天皇、胆津が籍を定めし功を嘉して、姓を賜ひて白猪史とす。即ち田令に拝けたまいて、瑞子が副としたまう。

● 箭田珠勝尊（敏達）

（敏達三年冬十月九日に、）蘇我馬子大臣を吉備国に遣わして、白猪屯倉と田部とを増さしむ。即ち田部の名籍を以て、白猪史胆津に授く。

（十二年冬十月に、）日羅等、吉備児嶋屯倉に行き到る。

● 天足矛饗君（押坂彦人大兄）

推古十五年、是歳の冬に、倭国に、高市池・藤原池・肩岡池・菅原池を作る。山背国に、大溝を栗隈に掘る。且つ河内国に戸苅池・依網池作る。亦国ごとに屯倉を置く。

（皇極元年五月五日に、）河内国の依網屯倉の前にして、翹岐等を召びて、射猟を観しむ。

（孝徳大化元年九月。）依りて詔して曰く、「古より以降、天皇の御世

ごとに、代の民を置き標して名を後に垂る。其れ臣連等・伴造・国造、各々己が民を置きて、情の恣に駆使ふ。又、国県の山海・林野・池田を割りて、己が財として、争い戦ふこと已まず。或いは数万頃の田を兼ね併す。或いは全ら容針少地もなし。調賦進る時に、其の臣・連・伴造等、先づ自ら収め斂りて、然して後に分ち進る。宮殿を脩治り、園陵を築造るに、各己が民を率て、事に随ひて作れり。易に曰へらく、『上を損して下を益す。節ふに制度を以てして、財を傷らざれ。民を害はざれ』といえり。方に今、百姓猶乏し。而るを勢ある者は、水陸を分け割きて、私の地とし、百姓に売り与えて、年に其の値を索ふ。今より以後、地売ること得じ。妄りに主と成りて、劣く弱きを兼ね併すこと勿」とのたまふ。百姓、大きに悦ぶ。

（大化二年春正月一日に、）改新之詔を宣ひて曰く、「其の一に曰く、昔在の天皇等の立てたまえる子代の民・処々の屯倉、及び、別には臣・連・伴造・国造・村首の所有る部曲の民・処々の田荘を罷めよ。仍りて食封を大夫より以上に賜ふこと、各差有らむ。（略）」

是の月に、ある本に言はく、難波狭屋部邑の子代屯倉を壊ちて、行宮を起つという。

（大化二年三月十九日。）「官司の処々の屯田、及び吉備嶋皇祖母の処々の貸稲を罷むべし。其の屯田を以ては、群臣及び伴造等に分ち賜はむ。又籍に脱りたる寺にして、田と山とを入れよ」とのたまふ。

二十日に、皇太子、使を遣はして奏して曰く。「臣、即ち慎みて詔する所を承りて、答え申さく、『天に二つの日なし。国に二つの王なし。この故に、天下を兼ね併せて、万民を使ひたまふべきところは、唯天皇ならくのみ。別に、入部及び所封の民を以て、仕丁に簡び充てむこと、前の処分に従はむ。自余以外は、私に駈役はむことを恐る。故、入部五百二十四口・屯倉百八十一所を献る』とまうす」とのたまふ。

以上の屯倉をまとめて次表に示す。

『日本書紀』に記された屯倉一覧表

天　皇	地　名		年　号	現在地名
仲哀（崇神）	淡路	淡路	仲哀2年	兵庫県淡路島
応神（垂仁）	大和	来目	垂仁17年	奈良県高市郡内
仁徳（成務）	河内	茨田	仁徳13年	大阪府交野市内
		依網	43年	大阪府東大阪市内
履中（反正）	大和	村合	履中即位前	奈良県内
		蒋代	元年	奈良県内
允恭（清寧）	播磨	縮見	清寧2年	兵庫県三木市内
武烈（継体）	大和	匝布	継体8年	奈良県奈良市内
	筑前	糟屋	22年	福岡県糟屋郡内
欽明（安閑）	大和	小墾田	安閑元年	奈良県高市郡内
	和泉	茅渟山	〃	大阪府泉佐野市内か
	摂津	三島竹村	〃	大阪府茨木市内
		難波	〃	大阪府大阪市内
	武蔵	横渟	〃	埼玉県東松山市・比企郡内
		橘花	〃	神奈川県川崎市内
		多氷	〃	東京都多摩地区内
		倉樔	〃	神奈川県横浜市内
	上総	伊甚	〃	千葉県勝浦市・夷隅郡内
	安芸	いお城部	〃	広島県広島市内か
	尾張	入鹿	安閑2年	愛知県犬山市内
		間敷	〃	愛知県中島郡内
	駿河	稚贄	〃	静岡県吉原市内か
	上野	緑野	〃	群馬県藤岡市内
	丹波	蘇斯岐	〃	京都府中郡内か
	播磨	越部	〃	兵庫県揖保郡新宮町
		牛鹿	〃	兵庫県姫路市内か
	備中	後城	〃	岡山県井原市・後月郡内か
		多禰	〃	岡山県後月郡内か
		来履	〃	岡山県井原市内か
		葉稚	〃	〃
		河音	〃	〃

備後	胆殖	〃	広島県福山市内か
	胆年部	〃	広島県福山市内か
紀伊	経湍	〃	和歌山県和歌山市内か
	河辺	〃	〃
阿波	春日部	〃	徳島県那賀郡内
筑前	穂波	〃	福岡県飯塚市
	鎌	〃	福岡県嘉麻市
豊前	湊碕	〃	福岡県北九州市門司区か
	桑原	〃	福岡県田川郡大任町か
	肝等	〃	福岡県京都郡内か
	大抜	〃	福岡県北九州市小倉区内か
	我鹿	〃	福岡県田川郡赤村か
肥後	春日部	〃	熊本県熊本市内
伊賀	伊賀	宣化元年	三重県伊賀市内
伊勢	新家	〃	三重県久居市内
美作	白猪	欽明16年	岡山県真庭市内か
備前	児島	〃	岡山県岡山市内
大和	大身狭	欽明17年	奈良県橿原市内
	小身狭	〃	〃
紀伊	海部	〃	和歌山県和歌山市内

(『日本史総覧』コンパクト版、東京印書館、1989年を参照。現在地名は市町村合併後の地名に改めた。)

この表から次のことが推定される。
- 初期屯倉は（垂仁）-大和来目、仲哀-淡路、履中-大和村合・蒋代など主として大和地方に設営されているが、大和には前期古墳の箸墓・西殿塚・メスリ山・行燈山・渋谷山・五社神・宝来山などが造築されており、土木労働の多数の役夫の食料供給を確保すべくこれらの屯倉が設置されたと考えられる。
- 中期屯倉は仁徳-河内茨田・依網に設営されているが、これは主として中期和泉・河内古墳の仲ツ山・上石津ミサンザイ・誉田御廟山・大仙陵・土師ニサンザイなどの造築すべき多数の役夫の食料確保のため

設置されたと考えられる。
・次の中期吉備古墳の造山（360m）、作山（286m）はいずれも巨大古墳に属し兄天王の古墳であり、すでに拙著『九州王朝一元論』（葦書房、1993年）において造山は允恭陵、作山は安康陵であることを明らかにしているが、『日本書紀』はこれらの古墳が畿内にないことから允恭陵は市ノ山古墳（225m）、安康陵は山城古墳（山形）に設定し、吉備に倭国の陵墓が築かれたことを隠蔽している。

　したがって（清寧）紀に播磨縮見屯倉が記されているが、安閑紀の備中後城・多禰・来履・河音屯倉のうちのいずれかの屯倉は造山・作山古墳の造築と同時に設営されたのではないかと考えられる。

　『日本書紀』は造山・作山古墳を大和王朝の陵墓から除外した際に備中の屯倉の設営記事を消去したと考えられる。
・安閑は兄天王欽明の弟日王であり、欽明朝に兄天王の権力的表徴である国家的政治機構としての後期屯倉が全国的に設置されたと考えられる。
・屯倉制は欽明元年より大化2年まで約100年間継続した後、突如廃止の詔が出ているが、この理由は『旧唐書倭国日本伝』の「日本は旧小国、倭国の地を併せたり」の記録が明確に指摘しているように、兄天王利歌弥多弗利の王権を弟日天智が簒奪し（利歌弥多弗利の嫡子山背王の襲撃と自殺）、兄天王の王族の支配する全国的な屯倉を廃止し、兄天王の王族の地位を奪い財産を没収すべく早急に兄天王家の抹殺を図っている。
・屯倉制の設置理由および目的また制度の開始時期など一切記述されずまた古墳造築の記事がないのは、この屯倉制と古墳の造築が兄天王の制度であり詳細に記述すると兄弟執政の内幕が暴露されるので曖昧模糊とした記述にしていると考えられる。

5　結　び

記紀を読み通してまず気づく素朴な疑問点は次の3点である。
① 「中国正史倭国伝」の『魏志倭人伝』と『宋書倭国伝』に関する記録がない。
② 当時の敵国高句麗および新羅に対する戦役の記録がない。
③ 日本全土の全民衆が驚嘆瞠目すべき巨大墳墓を造築しているのに全然その記録がない。

以上の記録がないことは、倭国に関する事実を詳細に記録すれば大和王朝の作為性が明らかとなり暴露されるので、これらの記録を消去したと考えられる。

したがって国造・部民制・屯倉制についてはすべてこれらの制度が倭国の制度であったためできるだけ曖昧模糊とした記録にしてぼかしていると考えられる。

・国造・部民制については前時代の別および日子国（銅鐸国）の日子名称をまず混入してその後に漸次この制度を導入している。
・記紀は天武朝の各功臣の始祖・遠祖名称を初期天皇の日子名称王族の名に冠し日子国（銅鐸国）に倭国を接続し大和王朝を作為している。
・屯倉についても非常に曖昧な記述が残されているが、まず大和地方に前期古墳が造築された時期に古墳造営の役夫の食糧確保のため来目・大和村合・蔣代等の屯倉が設置され、次に中期の和泉・河内古墳の造築時に河内茨田・依網の屯倉が設置され、次に吉備の造山・作山古墳時代に吉備の屯倉が設置され、その後欽明の時代に全国的規模に拡大したと考えられる。

付表1　『古事記』に登場する日子・別・宿禰名称

	日　子	別	宿　禰
神武	神倭伊波礼毘古	石押分	
綏靖	師木津日子玉手見		
安寧	（師木津日子玉手見）		
	常根津日子伊呂泥		
	大倭日子鉏友		
	師木津日子		
懿徳	（大倭日子鉏友）		
	御真津日子訶恵志泥		
	多芸志比古		
孝昭	（御真津日子訶恵志泥）		
	天押帯日子		
	大倭帯日子国押人		
孝安	（大倭帯日子国押人）		
	大吉備諸進		
	大倭根子日子賦斗邇		
孝霊	（大倭根子日子賦斗邇）	日子刺肩別	
	大倭根子日子国玖琉		
	比古伊佐勢理毘古		
	大吉備津日子		
	日子寤間		
	若日子建吉備津日子		
孝元	（大倭根子日子国玖琉）	建沼河別	味師内宿禰
	大毘古	比古伊那許士別	建内宿禰
	少名日子建猪心		波多八代宿禰
	若倭根子日子大毘毘		許勢小柄宿禰
	比古布都押之信		蘇賀石河宿禰
	建波邇夜須毘古		平群都久宿禰
			木角宿禰
			若子宿禰
開化	（若倭根子日子大毘毘）	建豊波豆羅和気	垂見宿禰
	比古由牟須美	朝廷別	志夫美宿禰
	御真木入日子印恵		息長宿禰
	日子坐王		
崇神	（御真木入日子印恵）	（建沼河別）	
	豊木入日子		

垂仁	伊玖米入日子伊沙知 倭日子 （伊玖米入日子伊沙知） 印色入日子 大中津日子 若木入日子 伊賀帯日子 五十日帯日子	品牟都和気 大帯日子淤斯呂和気 沼帯別 伊許婆夜和気 落別王 伊登志別 石衝別	
景行	（大帯日子淤斯呂和気） （倭根子） 若帯日子 五百木入日子 若木入日子 吉備兄日子 日子人大兄	櫛角別 押別 豊戸別 豊国別	
倭建命	帯中津日子	稲依別 足鏡別 息長田別	
成務 仲哀	（若帯日子） （帯中津日子）	品夜和気 大鞆和気 品陀和気 伊奢沙和気	（建内宿禰） 伊佐比宿禰
応神	額田大中日子	（品陀和気） 速総別 伊邪本和気 水歯別	（建内宿禰）
仁徳			男浅津間若子宿禰
履中		（伊邪本和気）	葦田宿禰
允恭	境黒日子 八瓜白日子		（男浅津間若子宿禰） 大前小前宿禰
清寧 欽明 敏達	（白髪大倭根子） 忍坂日子人太子 （麻呂古王）	市辺忍歯別	宗賀稲目宿禰

Ⅱ　倭国の国造・部民制・屯倉制についての一考察　　81

付表2　『日本書紀』の彦・別・宿禰名称

	彦	別	宿禰
神武	日本磐余彦 珍彦 椎根津彦 菟狭津彦 長髄彦	磐排別	
綏靖 安寧	磯城津彦玉手看 （磯城津彦玉手看） 大日本彦耜友 常津彦某兄 磯城津彦		大間宿禰
懿徳	（大日本彦耜友） 観松彦香殖稲 太真稚彦 武石彦奇反背		
孝昭	（観松彦香殖稲） 天足彦国押人 日本足彦国押人		
孝安	（日本足彦国押人） 大日本根子彦太瓊		
孝霊	（大日本根子彦太瓊） 大日本根子彦国牽 彦五十狭芹彦 吉備津彦 彦狭嶋 稚武彦		
孝元	（大日本根子彦国牽） 大彦 稚日本根子大日日 少彦男心 彦太忍信 武埴安彦		武内宿禰
開化	（稚日本根子大日日） 御間城入彦五十瓊殖 彦湯産隅 彦坐		

82

崇神	活目入彦五十狭茅 倭彦 五十日鶴彦 豊城入彦 八坂入彦 彦国葺 大田田根子 出雲振根	武渟川別	大海宿禰 大水口宿禰
垂仁	（活目入彦五十狭茅） 五十瓊敷入彦 （大足彦） 稚城瓊入彦 五十日足彦 伊都都比古 清彦 狭穂彦 倭日向武日向彦八綱田 十千根	誉津別 鐸石別 池速別 磐衝別 祖別別 胆武別	野見宿禰 長尾市宿禰 （大水口宿禰）
景行 日本武	菟道彦 稚倭根子 稚足彦 五百城入彦 五十狭城入彦 吉備兄彦 稲背入彦 日向襲津彦 熊津彦 阿蘇津彦 足仲彦 稚武彦 宮戸彦 吉備津彦 彦狭嶋王	大足彦忍代別 忍之別 大酢別 三尾氏磐城別 武国凝別・播磨別 国乳別・御村別 国背別・水沼別 宮道別 豊戸別・火国別 豊国別 稲依別 十城別 御諸別	（武内宿禰） 穂積氏忍山宿禰
成務 仲哀	（稚足彦） （足仲彦） 彦人大兄	蘆髪蒲見別 誉屋別	（武内宿禰）

Ⅱ　倭国の国造・部民制・屯倉制についての一考察　　83

神功	避高国避高松屋種 葛城襲津彦 千熊長彦	鴨別 倉見別 誉田別 荒田別 鹿我別	（武内宿禰） 田裳見宿禰 五十狭茅宿禰 斯摩宿禰
応神	額田大中津彦 弟彦 仲彦	（誉田別） 去来紗別 隼総別 巫別 稲速別 御友別 鴨別 浦凝別	大浜宿禰 紀角宿禰 羽田矢代宿禰 石川宿禰 木菟宿禰 甘美内宿禰 （武内宿禰） 的戸田宿禰
仁徳	難波根子振熊	去来穂別 瑞歯別 （隼総別）	淤宇宿禰 （武内宿禰） 雄朝津間稚子宿禰 盾人宿禰 小泊瀬造の祖宿禰臣 （的戸田宿禰） （紀角宿禰）
履中	（去来穂別） （瑞歯別）	鯽魚磯別王 脚咋別	（羽田矢代宿禰） （平群木菟宿禰） 物部大前宿禰 葦田宿禰 蘇賀満智宿禰
允恭 安康 雄略	境黒彦 八釣白彦 いほ城部連武彦 狭穂彦	 狭穂子鳥別 讃岐田虫別	（雄朝津間稚子宿禰） 玉田宿禰 （物部大前宿禰） 坂合部連贄宿禰 吾子籠宿禰 紀小弓宿禰 蘇我韓子宿禰 紀大磐宿禰 小鹿火宿禰 物部菟代宿禰
顕宗			（葦田宿禰）

			倭侫宿禰
			韓侫宿禰
			押見宿禰
			紀生磐宿禰
仁賢			
武烈			
継体	彦主人		（武内宿禰）
	倭彦		
	彦太		
宣化	狭手彦		蘇我稲目宿禰
欽明	倭国造手彦		（蘇我稲目宿禰）
			紀男麻呂宿禰
敏達	押坂彦人大兄	大別王	蘇我馬子宿禰
推古			（蘇我馬子宿禰）
天智		天命開別	

付表3　『古事記』の神話・『風土記』の別名称

『古事記』　神　話　　建依別、天之忍許呂別、白日別
　　　　　　　　　　　豊日別、建日別建日向豊久士比泥別、建日別
　　　　　　　　　　　天御虚豊秋津根別
　　　　　　　　　　　大戸日別神、天之水分・国之水分神、天石門別神

『風土記』　常陸国　　なし
　　　　　　播磨国　　豊忍別命、別君玉手、別部犬、国造黒田別、
　　　　　　　　　　　伊射報和気命、印南別嬢
　　　　　　豊後国　　なし
　　　　　　肥前国　　なし
　　　　　　筑前国　　なし
　　　　　　山城国　　賀茂別雷
　　　　　　伊勢国　　天日別命
　　　　　　尾張国　　品津別皇子
　　　　　　土佐国　　天石帆別命、天石門別神
　　　　　　伊豆国　　伊豆別王子、武押分命
　　　　　　日向国　　帤瑳武別

付表4 『延喜式神名帳』の中の別神

畿　内	山城国	122	天津石戸別稚姫神社	賀茂別雷神社
	大和国	286	葛木水分	吉野水分
			宇太水分	天津石戸別
			都祁水分	
	河内国	113	建水分	
	和泉国	62	押別	天水分豊浦命
東海道	伊勢国	253	大分	
	尾張国	121	別小江	
	伊豆国	92	伊大氏和気命	阿豆佐和気命
			波夜多麻和気命	阿米都和気命
			杉桙別命	多祁富許都久和気命
			伊波久良和気命	伊波氏別命
			金村五百君和気命	剣刀石床別命
東山道	近江国	155	太水別	大水別
	信濃国	48	武水別	健御名方富命彦神・別
	陸奥国	100	都都古和気	伊波止和気
			石都都古和気	鹿嶋天足別
			鹿嶋天足別	伊去波夜和気命
			遠流志別石	志賀理和気
			宇奈己呂和気	飯豊和気
			波宇志別	
北陸道	越前国	126	分	
山陰道	出雲国	187	比古佐和気	
	隠岐国	16	和気能須命	
山陽道	美作国	11	石戸別	石戸別
	備後国	17	天別豊姫	
南海道	淡路国	13	天石門別八倉比売	天石門別豊玉比売
	土佐国	21	天忍穂別	天石門別

付表5　記紀による初期天皇の始祖・遠祖について

神武	椎根津彦（倭直部）、天種子命（中臣氏）、日臣（大伴氏）、井光（吉野首部）、磐排別（吉野国樔部）、苞直担（阿太養鵜部）、大来目部、珍彦［倭国造］、弟猾［猛田県主］（菟田主水部）、弟磯城黒速［磯城県主］、剣根［葛城国造］、頭八咫烏（葛野主殿県主部）
綏靖	磯城県主の女川派媛、春日県主大日諸が女糸織媛、磯城県主葉江が女川津媛、大間宿禰が女糸井媛
懿徳	磯城県主葉江が男弟猪手が女泉媛、武石彦奇友背命
孝昭	磯城県主葉江が女渟名城津媛、倭国豊秋狭太媛が女大井媛、磯城県主葉江が女長媛、十市県主五十城彦が女五十坂媛
孝霊	春日千乳早山香媛、十市県主が女真舌媛
孝元	少彦男心命、大彦命（安倍臣・膳臣・阿閉臣・狭狭城山君・筑紫国造・越国造・伊賀臣すべて7族の始祖なり）、彦太忍信命（武内宿禰）
開化	鬱色雄命（穂積臣）、姥津命（和珥臣）
崇神	大綜麻杵（物部氏）、大海宿禰の女八坂振天某辺、大水口宿禰（穂積臣）、伊香色雄（物部連）、大田田根子（三輪君）、彦国葺（和珥臣）、豊城命（上毛野君・下毛野君）、武諸隅（矢田部造）、出雲振根（出雲臣）
垂仁	大友主（三輪君）、八綱田（上毛野君）、倭日向武日向彦八綱田、長尾市（倭直）、天湯河板挙（鳥取造）
	※鳥取造の祖天湯河板挙、鵠を献る。誉津別その鵠を弄びて物言うことを得つ、即ち姓を賜いて鳥取造という。因りてまた鳥取部・鳥養部・誉津部を定む。
	武渟川別（安倍臣）、彦国葺（和珥臣）、十千根（物部連）、大水口宿禰（穂積臣）、探湯主（中臣連）、長尾市宿禰（大倭直）、物部十千根大連、土部壱佰人
	※天皇厚く野見宿禰の功を賞めたまいて、亦鍛地を賜う。即ち土部の職に任けたまう。因りて本姓を改めて土部臣という。是、土部連等の天皇の喪葬を司る縁なり。
	野見宿禰（土部連）、磐衝別命（三尾君）、五十日足彦命（石田君）
	※五十瓊敷命、茅渟の菟砥川上宮に居して剣一千口を作る。因りて其の剣を名付けて川上部という。亦の名は裸伴という。この時に楯部・倭文部・神弓削部・神矢作部・大穴磯部・泊橿部・玉作部・神刑部・日置部・大刀佩部合わせて十箇の品部もて、五十瓊敷皇子に賜う。
	春日臣市河（物部首）、田道間守（三宅連）
景行	菟道彦（紀直）、神櫛皇子（讃岐国造）、稲背入彦皇子（播磨別）、武国凝別皇子（伊予国の御村別）、日向襲津彦皇子（阿牟君）、国乳別皇子

	（水沼別）、豊戸別皇子（火国別）
	※日本武尊と稚足彦天皇と五百城入彦皇子を除きて、七十余りの子は、皆国郡に封させて其の国に行かしむ。故、今の時に当りて、諸国の別謂えるは、其の別王の苗裔なり。
	武諸木（多臣）、菟名手（国前臣）、夏花（物部君）、豊国別皇子（日向国造）、小左（山部阿弭子）、水沼県主猿大海、尾張他語稲置、乳近稲置、吉備武彦、大伴武日連、七掬脛（膳夫）、穂積氏忍山宿禰
	※靫部を以て大伴連の遠祖武日（大伴連）に賜う。
	※神宮に奉れる蝦夷。これ今、播磨・讃岐・伊予・安芸・阿波、すべて五国の佐伯部の祖なり。
	稲依別（犬上君・武部君）、武卵王（讃岐綾君）、十城別王（伊予別王）
	※磐鹿六雁（膳臣）の功を誉めて膳大伴部を賜う。
成務	※諸国に令して、国郡に造長を立て県邑に稲置を置く。並びに盾矛を賜いて表とす。
仲哀	大酒主（来熊田造）、熊鰐（岡県主）、五十迹手（伊都県主）、大臣武内宿禰、中臣烏賊連、大三輪大友主君、物部胆咋連、大伴武以連
神功	鴨別（吉備臣）、内避高国避高松屋種（沙麼県主）、践立（穴戸直）、田裳見宿禰（津守連）、倉見別（犬上君）、五十狭茅宿禰（吉師）、武振熊（和珥臣）、熊之凝（葛野城首）、荒田別、鹿我別
応神	日触使主（和珥臣）、桜井田部連男鉏、根鳥皇子（太田君）、大山守皇子（上形君・榛原君）、去来真稚皇子（深河別）、大浜宿禰（阿曇連）
	※諸国に令して、海人及び山守部を定む。
	※百済王、縫衣工女を貢る。真毛津という。是今の来目衣縫の始祖なり。
	阿直岐（阿直岐史）、王仁（書首）、阿知使主（倭漢直）、御友別（吉備臣）
	※時に御友別参赴り。即ち其の兄弟子孫を以て膳夫として饗奏す。因りて吉備国を割き其の子等に封さす。即ち川島県を分ちて、長子稲速別（下道臣）に封さす。次に上道県を以て中子仲彦（上道臣・香屋臣）に封さす。次に三野県を以て弟彦（三野臣）に封さす。復、波区芸県を以て、御友別が弟鴨別（笠臣）に封す。即ち苑県を以て兄浦凝別（苑県）に封す。即ち男織部を以て兄媛に賜う。
	※新羅王聞きて大いに驚きて、即ち能き匠者を貢る。是猪名部等の始祖なり。
仁徳	淤宇宿禰（出雲臣）、木菟宿禰（平群臣）
	※大兄去来穂別皇子のため壬生部を定む。亦皇子のため葛城部を定む。
	※盾人宿禰を誉めて名を賜いて的戸田宿禰（的臣）という。同日に宿禰

	臣（小泊瀬造）に名を賜いて賢遺臣という。 速持（播磨国造）、砥身宿禰（的臣）、賢遺臣（小泊瀬造）、舎人鳥山、口持臣（的臣）、口持臣（和珥臣）、猪名県の遅部雄鮒佐伯部、吉備品遅部雄鮒、播磨佐伯直阿俄能胡、近江山君稚守山、石川錦織首許呂斯、依網屯倉の阿弭古 ※この月に始めて鷹甘部を定む。故、時人其の鷹養父処を名付けて、鷹甘邑という。 竹葉瀬（上毛野君）、陵守目杵、遠江国司、倭直吾子籠、闘鶏稲置大山主、難波根子武振熊（和珥臣）、県守（笠臣）
履中	羽田矢代宿禰、平群木菟宿禰、物部大前宿禰、阿知使主（漢直）、阿曇連浜子、阿曇連黒友 ※茲に瑞歯別皇子を召して厚く恵みたまう。因りて村合屯倉を賜う。 蘇我万智宿禰、物部伊莒弗大連、膳臣余磯、物部長新胆連 ※この日に長新胆連の本姓を改めて、稚桜部造という。また膳臣余磯を名付けて稚桜部臣という。 河内飼部 ※車持君、筑紫国に行きて悉くに車持部を校り、兼ねて充神者を取れり。 ※始めて蔵職を建つ。因りて蔵部を定む。
反正	木事（大宅臣）
允恭	※この日に皇后のために刑部を定む。 ※闘鶏国造、その姓を貶して稲置という。 葛城襲津彦、玉田宿禰、尾張連吾襲、舎人中臣烏賊津使主、大伴室屋連 ※諸国国造等に科せて、衣通郎姫のために藤原部を定む。 倭飼部
安康	物部大前宿禰、根使主（坂本臣）、難波吉師日香
雄略	円大臣、坂合部連贄宿禰、近江狭狭山君韓帒、帳内佐伯部売輪、三輪君身狭、平群臣真鳥、大伴連室屋、物部連目、吉備上道臣、吉備窪屋臣、春日和珥臣、深目、盾（石河股合首）、御者大津馬飼 ※皇太后、更に人を貢りたまはむとして曰く、「我が厨人菟田御戸部・真鉾多高目この二人をを以て、加えて宍人部とせむと請いたまう」とのたまう。これより後、大倭国造吾子籠宿禰、狭穂小鳥別を貢りて宍人部とす。臣連伴造国造、また従いて続けて貢る。この月に史戸・河上舎人部を置く。 史部の身狭村主青、桧隈民使博徳、阿閉臣国見、いほ城部連武彦、少子部連蜾蠃、官者吉備弓削部虚空、吉備下道前津屋、国造吉備臣山、吉

	備上道臣田狭、備海部直赤尾、日鷹吉士堅磐固安銭、大伴大連室屋、東漢直掬吉 ※吉備臣弟君、百済より帰りて漢手人部・衣部・衣縫部・宍人部を献るという。 膳臣斑鳩、吉備臣小梨、難波吉士赤目子、凡河内直香賜、難波日鷹吉士、弓削連豊穂、紀小弓宿禰、蘇我韓子宿禰、大伴談宿禰、小鹿火宿禰、吉備上道采女大海、紀岡前来目連、紀大磐宿禰、土師連小鳥、倭子連、角臣、書首加竜 ※水間君が献れる養鳥人等を以て軽村・磐余村二所に安置す。 琴弾坂手屋形麻呂 ※鳥官の禽、菟田の人の狗に嚙まれて死ぬ。天皇怒りて面を刻みて鳥養部としたまう。 ※弟媛を以て漢衣縫部とす。漢織・呉織衣織はこれ飛鳥衣縫部・伊勢衣織が先なり。 ※詔して「漢部を集えて其の伴造のものを定めよ」とのたまう。姓を賜いて直という。一に云はく、賜うとは漢使主等に姓を賜いて直と言うぞ。 ※土師連に詔して、「朝夕の御膳盛るべき清き器を進らしめよ」とのたまう。ここに土師連の祖吾笥、依りて摂津国の来狭狭村・山背国の内村・俯見村・伊勢国の藤形村・及び丹波・但馬・因幡の私の民部を進る。名付けて贄土師部という。 物部菟代宿禰、物部目連、伊勢朝日郎、筑紫の聞物部大斧手、讃岐田虫別 ※天皇、聞こしめして怒りたまう。即ち菟代宿禰が所有する猪使部を奪いて物部目連に賜う。 ※詔して穴穂部を置き賜う。 筑紫の安致臣、吉備尾代
清寧	大伴室屋大連、東漢掬直、城丘前来目、河内三野県主小根、草香部吉士漢彦、吉備上道臣 ※天皇、上道臣等を責めて、其の領する山部を奪いたまう。 ※天皇、子なきことを恨みたまいて、大伴室屋を諸国に遣わして、白髪部舎人・白髪部膳部・白髪部靫負を置く。 伊予来目部小盾（山部連）、縮見屯倉首忍海部造細目
顕宗	葦田宿禰、帳内佐伯部仲子、帳内日下部連使主、倭帒宿禰（近江狭狭城山君）、阿閉臣事代、押見宿禰（壱岐県主）、紀生磐宿禰 ※福草部を置く。
仁賢	的臣蚊嶋、佐伯部仲子（佐伯造）

武烈	大臣平群真鳥臣、物部麁鹿火大連、大伴金村連
継体	許勢男人大臣、河内馬飼首荒籠、穂積臣押山、物部至至連、近江毛野臣 ※筑紫君葛子、糟屋屯倉を献りて死罪を贖はむとす。 物部伊勢連父根、河内馬飼首御狩、吉備韓子那多利
安閑	物部木蓮子大連、内膳卿膳臣大麻呂、伊甚国造、国造稚子直、大河内直味張、伊保城部枳莒喩、物部大連尾輿、武蔵国造笠原直使主

Ⅲ 『延喜式神名帳』の中の銅鐸神社

1 『古事記』・『風土記』の日子名称

　『古事記』・『風土記』の中の日子名称を付表1（P.110）に示す。この表から次のことが分かる。
- 欠史八代から崇神～仲哀までの天皇の和風諡号の冒頭の倭名称（大倭・若倭・御真津・御真木・伊久米）は邪馬壱国の官職名であり、その後に続く日子名称＋本名が初期天皇の名称であると考えられる。

　　この天皇の名称は安寧から景行まで連続的に受け継がれているが、「日子名称＋本名」の呼称は孝元の皇子大毘古命から変化し日子名称の後の本名が消失して、ただ日子名称だけの名称になっている。

　　また「日子名称＋本名」の呼称はこの後、「地名＋日子名称」あるいは「銅鐸の状態の形容詞＋日子名称」となっており、本名が省略されている。
- 『古事記』の神話の日子神には直接銅鐸を現した銅鐸神が見当たらない。
- 初期天皇の譜系（神武・欠史八代・崇神～仲哀）は大和地方に存在していた日子国の王の譜系であり、これらの日子名称は直接銅鐸にちなんで名付けられた名称と考えられる。
- 出雲国・播磨国『風土記』の日子名称には直接銅鐸を現した名称ではないようである。

2 『延喜式神名帳』の中の銅鐸神社名

『延喜式神名帳』の中の日子名称神社と銅鐸に関係していると考えられる神社名を付表2（P.113）に示す。この表から次のことが分かる。
- 日子名称の神社数は能登23、大和13、出雲8、阿波7、越前4、河内・若狭・石見・備後3、その他の国は2あるいは1となっており、各国の銅鐸出土数と日子名称の神社数には相関がない。（相関係数 r ＝ －0.163034）
- 伊邪那岐・大神・大穴持神社の存在する国は銅鐸が出土しておりこれらの神は銅鐸神であると考えられる。
- その他の銅鐸を現していると考えられる項目についてはバラついており、各国がそれぞれ適当な銅鐸に関係した神名を採用していることが分かる。

　これから銅鐸圏のそれぞれの国は直接大和の文化の影響を受けず、それぞれその国に応じた地方文化で銅鐸の祭器を取り入れているように思われる。

　また弥生時代の銅鐸文化圏は統一された一つの国が存在せず、それぞれの国に分かれて銅鐸を媒介しつつ平和に共存していたのではないかと考えられる。

　各国の銅鐸出土数と各銅鐸神社名の対比を次頁表1に示す。

　この表から銅鐸を現している各項目がそれぞれの国に任意に分散しており、それぞれ各国の文化に応じた形態で取り入れられていることが分かる。

表1　各国の銅鐸出土数と銅鐸神社名の対比

	銅鐸出土数	山口	片山	倉・椋・座・鞍	石立・立	宇治・内(打ち)(衝く)	奈留奈具	根(音)	鐸・多久宅・託美	笠	入	比古日子・彦	伊射奈岐	大神	大穴持
山城	6	山口	片山	巨椋4		宇治・内						2		○	
大和	18	山口13		石椋	石立・立4	夜都伎	加夜奈留美	生根	鐸比古			13	○3	○	○
河内	17							堤根				4		○	
和泉	9	開口						日・生根						○	
摂津	32	公智					止抒侶支	岐根				1	○		
伊賀	12							岐尼						○	
伊勢			片山			宇都可			三宅				○	○	
尾張	9	大口・小口	片山2			内内	鳴海・成海		宅・託美		入見			○	
参河	31			石座								1			
遠江	22				曾許御立				三宅		入見	1			
駿河													久佐奈岐		
近江	40		片山	大椋2	布勢立石	槻・小槻		大寸				2			
美濃	7									加佐美		2			
飛騨															
信濃	2					小内									
若狭			御方	石鞍								1	○		
越前	9		山方	大椋4				多弥		笠間		3	伊佐奈彦		
加賀										笠間・笠野		4		○	
能登				石倉										○	
越中												23			○
越後			大形			大槻		三宅						○	
丹波				高座		御手槻		三宅							
丹後	15					宇豆貴	奈具・名木	多久							
但馬						社内									
因幡					布留多知	槻折							○		
伯耆	15												○		
出雲	9					杵築・内		須美根	多久・三宅			8 [18]	○		○6
石見				朝倉彦	立田埋根			立田埋根				3			
播磨	8		御形									1 [17]			○
美作															
備前	20		片山					神根				1		○	
備中												1		○	
備後	3											3			
紀伊	40			朝椋	伊達		鳴					1			
淡路	18					築狭							○		
阿波	44		御県		阿佐多知				賀佐比古			7	伊射奈美	○	
讃岐	19											1			
土佐	12			朝倉											

＊銅鐸出土数は『銅鐸』（三木文雄著、柏書房、1983年）による。
＊日子名称数の［　］は『風土記』の日子名称数。

96

3　各神社名の考察

打ち（宇治・内）……**神社名（国）** 宇治・内(うち)(うち)（山城）、宇治（大和）、宇都可（伊賀）、内々（尾張）、小内（信濃）、宇豆貴（丹後）、社内(もり)（但馬）、内（出雲）

つき（都伎）……夜都伎(やつき)・屋就（大和）、小槻・小槻・槻（近江）、大槻磐座（越前）、槻田（越後）、伊都伎・御手槻（丹波）、宇豆貴(いつき)（丹後）、槻折（因幡）、杵築（出雲）、築狭（淡路）

うち　①たたきつける。②攻撃する。③ねらってあてる。④石を強くぶっつけて火を出させる。⑤叩いて音を出す。⑥（柱・くい・釘などを）打ちこむ。⑦（土などを）耕す、等。

・宇治・内のほかに小内・内々と言う神社名があり、「打つ」の意であると思われる。

・宇治は銅鐸の「打ち」から地名になったのではなかろうか。

・社内「もり」は森・社を表しており神社のある森の意であり、神社で銅鐸を打つことを意味していると思われる。

・宇都可は「うつか」では意味不明であり、『漢和辞典』では「可」は「①よい　②よいこと　③べし　④ゆるす」とあることから、ここでは③の意から「打つべし」と考えられる。

・宇豆貴の貴は乙類の「き」であり城を表している。銅鐸の音の響く範囲を表わしたのではかろうか。

　また、「うつぎ」［宇豆木］（『和名抄』）はうの花の意であるが、神社名にはふさわしくなく、「打つ城」と思われる。

つき　①棒状のものの先端で、物の表面を瞬間的に強く押す。②針や棒で刺し通す。③土や石を盛って棒でつついて固める。④棒を垂直に立てる。⑤（鐘

を撞木で）打って鳴らす。⑥地面に強く当てる。⑦穀物を杵で押しつぶす。
　　また文字通り「槻」とすると意味は次の通りである。
　つき［槻］〈ツクの転〉欅の古名。大木になり、神の降ってくる木として神聖しされた。また弓を作る材料。
　いつき［斎槻］神聖な槻の木。
　いつき［斎き］①畏敬し潔斎して大切に護りつかえる。②敬って大切にする。③汚れにふれさせないように、大事に仕え育てる。

・夜都伎・屋就は夜時を知らせるべく銅鐸を打ったのではなかろうか。
・槻・御手槻・伊都伎は「衝き」を「槻」に置き換えていると思われる。
・小槻・大槻は「衝き」を大小で修飾していると思われる。
・槻折の「折り」は「居り」と同じであり「衝き居り」を現しているとも考えられる。
・伊都伎
　い［斎］神事などで不浄を忌み避ける意。
　　したがって斎槻を表している。
　い［接頭］動詞につく。奈良時代の例から推しても、すでに意味不明。「－這ひ」「－行く」「－渡り」など。これから「い衝き」となる。
・大槻磐座の大槻を「大衝き」とすれば磐倉の上に銅鐸を安置している状態と考えられる。
・御手槻・槻は「衝く」を槻の漢字で表していると考えられる。「御手衝き」は貴人が手で衝くことを現している。
・杵築(きつき)は杵で衝くこと。
　築狭は、
　さ［接尾語］で②動詞について、する場合、する折などの意をあらわす。「あふ－きる－」「往く－来る－君こそ見らめ」（万281）。
　これから築狭は「衝きさ」となる。

『古事記』の例
・内色許男(うつしこを)・内色許売命(うつしこめ)

98

しこを ①頑強な男。②醜い男。しこめ。①醜い女。

「内」は「打ち」であるとすると、銅鐸を打って鳴らす役目の男女であると考えられる。

・味師内宿禰(うましうち)

うまし ①味が良い。②感じがよい。③巧みだ。④よい。⑤愚かだ。

したがってここでは巧みに鐸を打つ、または感じがよく鐸（宿音）を打つことを現している。

・建内宿禰

たけし ①威圧的で勇壮である。②たいした勢いである。③世間体が立派である。④なしうる最高である。⑤勢いがはげしい。

したがってここでは激しく鐸（宿音）を打つことを現している。

・平群都久宿禰(へぐりつく)

「つく」は「つき」の終止形であり、つき鳴らす鐸（宿音）を現している。

・千千都久和比売(ちちつくわ)（紀・千千衝倭姫）

わ［助］文末について、軽い感動を表す。「草が深い－」。

ちぢ ①千個。②多数。③さまざま。

したがって「数多く続けて鐸をつく比売」となる。

『日本書紀』の例

・内辟高国辟高松屋種(うつひこくにひこまつやたね)

これは、「打つ日子国日子待つや多音」という意味と考えられ、日子＝銅鐸を打つ国の歌の句のように思われる。

片山（御方・山片）……片山(かたやま)（山城・伊勢・尾張・近江）、片山日子（備前）、御方（若狭）、御形（播磨）、山方日子・御県（阿波）、山方（越前）、大形（越後）

山口……賀茂山口（山城）、巨勢山口・伊古麻山口・鴨山口・当麻山口・大坂山口・吉野山口・長谷山口・忍坂山口・飛鳥山口・畝火

山口・石村山口・耳成山口・都祁山口（大和）

やま［山］①地上の盛り上がった所。②比叡山の称。③山のような形をしたもの。山に擬して作ったもの。④うず高く積みあがったものをいう語。⑤程度がはげしいものにいう語。⑥揺るぎないもの、仰ぐべきものの代用語。⑦「やまぼこ」の略。

かた［形］①物体のありさま。かたち。形状。②その形に似せて造ったもの。絵。肖像。③痕(あと)。④占いをして出た形。⑤様式。しきたり。

これからも山形は山のような形をしたものであり、揺るぎなく仰ぐべき尊きものである銅鐸を意味していることが分かる。

また山鉾のように、その時代の最も著しく華やかで目立つものを山と言っており、弥生時代では銅鐸以外に山と呼ばれるような対象物は存在しないようである。

片山・山片は「形山・山形」であり銅鐸が山形をしているのでそれを名付けたと考えられる。またその変形として「御形」（御片・御県）が生じたと考えられる。「大形」は最終段階の大きい見る銅鐸を現している。

山口は銅鐸が山形をしておりまた底に口があるので山と口を現して名付けたと考えられる。

開口（和泉）、**大口・小口**（尾張）、**公智**（摂津）

これらの呼び名はみな銅鐸が大きい口を持っておりそれにちなんで名付けたと考えられる。小口は小さい銅鐸。公智は「口」ではないかと考えられる。

鞍(くら)・椋・倉・座……大椋(おおくら)・旦椋・巨椋・棚倉孫(たなくらひこ)（山城）、石椋・平群石床（大和）、石座（参河）、大椋・石坐（近江）、石鞍比古（若狭）、大椋・横座・磐座・大槻磐座（越前）、石倉比古（能登）、高座（丹波）、朝倉彦命（石見）、朝椋（紀伊）、朝倉（土佐）

くら〔座〕①すわる所、席。「高御－（座）天の日継と〔万一六、三八三四〕」②
　物を載せるところ。
　くら〔倉・蔵・庫〕①財物をたくわえ入れておく建物。②鎌倉・室町時代の質
　屋・土倉。
　　したがって、銅鐸を立てる石の座を表していると考えられる。
・大槻磐座
　　大槻は大きな衝く銅鐸であり、それを磐の座台に置いている状態を
　現している。
・朝倉彦命
　　早朝に神社の前にある石の台に立つ日子を現している。石倉・石鞍
　はその石の台を現している。
　　また大椋・棚倉・朝倉・朝椋などの「倉」は物を貯え入れておく建
　物の意から銅鐸の社を現しているとも考えられる。

『古事記』の例
・倭者師木登美豊朝倉曙立王（やまとしきとみとよあさくらあけたつ）
　　朝倉曙立王は夜がほのかに明けようとする頃台の上に立つ王（立て
　て見る銅鐸）を現している。

石立・立……御前社石立命・五百立・天之石立・龍田〔立田〕比古（大
　　　　　和）、曾許之御立（そこのみたち）（遠江）、布勢立石（近江）、布留多知（因
　　　　　幡）、立田建埋根命（石見）、伊建（紀伊）、天椅立・阿佐多知（あさたち）
　　　　　比古（阿波）
・石立命・天之石立・曾許御立・阿佐多知日子（朝立日子）・布留多知
　（布留立）
　　神名はすべて神社の庭にある石の台の上に早朝立てられる「見る銅
　鐸」を現していると考えられる。
・龍田比古（立田比古）・立田建埋根命（立田建埋音命）
　　神名は村の農作業の開始時に田圃の前に銅鐸を立てて朝礼を行った

様子を表していると考えられる。

『古事記』の例

・国之常立神（紀・国常立・国底立・国狭立尊）

　これらの神はみな立ち神で、鳴らす銅鐸から立てて見る銅鐸になった姿を現している。

・丹波比古多々須美知能宇斯王

　この名前の意味は丹波の国の銅鐸を立たせる、人の道を教える主を現している。

水分（みくまり）・水別……葛木水分・吉野水分・宇太水分・都祁水分（大和）、建水分（河内）、天水分豊浦命（摂津）、太水別・大水別（近江）、建水別（信濃）

『古事記』の例

・天之水分（あめのみくまり）・国之水分神

　みくまり［水分り］山から流れ出る水が分かれるところ。

　水分神は大和・河内・摂津・近江に集中しており、銅鐸には流水紋・渦巻き紋や水鳥・魚・すっぽん・とんぼ・イモリなどが狩の絵と同じく描かれていることから、水分神はまた銅鐸に表徴されているのではないかと考えられる。

鳴（なく）・奈留・奈具……都賀那木（つかなき）・加夜奈留美命（大和）、止抒侶支比売（ととろき）（摂津）、鳴海・成海（尾張）、鳴（なる）（紀伊）、奈具・奈具・名木（丹後）

　なり［鳴り］①音がする。ひびく。②鳴ること。声を立てること。高い音。ひびき。

　なき　①［泣き］人間が声を立てて涙を流す。②［鳴き］鳥、獣、虫などが声を立てる。

・奈具（鳴く）は銅鐸の鳴り響くさまを擬人化しており、これから「さ

・鳴き」＝鐸という日本語が生まれている。
さなき
・都賀那木・名木(伎)
　　那木・名木については乙類の木を持つ「なき」という言葉が『古語辞典』にないことから、故意に「伎」を「木」に置き換えたのではないかと思われる。那伎とすれば「鳴き」となる。
・鳴・鳴海・成海
　　鳴という文字があることから、鳴海・成海の海は甲類のmiで「見・美」と同じであり、『古事記』の玉手見命と同じ用法で、「見」または「霊」は原始的な霊格の一を現していると考えられる。
み
・都賀那木(伎)
　　束の間に鳴る銅鐸を意味していると考えられる。
・加夜奈留美命
　　かやかや　多くの人のさわがしく声を立てるさま。
　　み［霊］原始的な霊格の一。「海つ－」「月夜－」など。
わた
　　したがって、かやかやと鳴る銅鐸を意味していると考えられる。
　　また、
　　か［香］鼻で嗅いで知る物の意。よい匂い、目で感じる美しさにいう。かおり。におい。
・香夜奈留美はよい匂いの夜鳴らす銅鐸で夜都伎・屋就と同じ神名となる。
・止抒侶支比売
　　とどろ　と(乙類)ど(乙類)ろ(乙類)とどろき響くさま。
　　これから、とどろき響く音を形容した(鐸)比売となる。

『古事記』の例

・伊邪那岐神
　　さなき(未詳)鈴の大きなものをいうか。「鐸・佐那伎」
　　私はすでに拙著『書紀と九州王朝』、『記紀・万葉を科学する』、『「天・日」の称号と「豊」の美称』、『狂人日記』(ともに海鳥社、2004

年）などにおいて、「ぬて」は瓊手・玉手であり、「いさなき」は「斎・さ鳴き」＝「斎・鐸」を現していることを詳細に説明している。

音・根……一言尼古・忍坂坐生根（大和）、堤根（つつみね）（河内）、日根・生根（和泉）、岐尼・岐根（摂津・伊賀）、大寸（おほね）（近江）、多弥（たね）（越前）、須美根（すみね）（出雲）、立田建埋根（石見）、神根（備前）

これらの「根」を「音」に振り替えると次の通りとなる。
・生音は、生命を持ち生き生きとして響く銅鐸の音。
・堤根（つつみ）は、堤では意味が分らないので「包み音」と置き換えると「宿す音」と同意となり、鳴らす銅鐸宿禰を意味していると考えられる。
・須美根は、文字通り「澄み音」であり、冴えた響きの銅鐸の音を現している。
・大寸は、大音であり大きい音。銅鐸が鳴りひびくのを現している。
・多弥は、多音で沢山続けて鳴る音を現していると思われる。
・立田建埋根は、田圃の前に立てる見る銅鐸で、根子日子や根子と同様に冬の期間土の中に埋める銅鐸を現している。
・日根
　ひ［霊］原始的な霊各の一。活力のもととなる不思議な力。
　これから日根は霊音（銅鐸の音）と考えられる。古代人は銅鐸の音の響きに不思議な霊の力を感じたのであろう。

『古事記』の例

同様に「根」を「音」に振り替えると次の通りである。
・阿夜訶志古泥（あやかしこね）（恐れ多くもったいない音の神・綾模様のもったいない音の神）
・天之都度閇知泥（あめのつどへちね）（天の集え千の音の神）
・阿遅鉏高日子根（あじすき）（おつな小さい銅鐸を取り付けた鋤の神）
・遠都待根（とほつまちね）（遠くで銅鐸の音の鳴るのを待っている神）
・那賀須泥毘古（流す音日子・鐸日子）

・記・人名

　神大根（神大音）・意富多々泥古（大田田音子）・垂見宿禰（垂れ下がっている宿音）・息長宿禰（音の活力の長い宿音）・志夫美宿禰（垢・錆のついた宿音）・若子宿禰（作られて若い宿音）

・紀・人名

　出雲振根（出雲振音）・物部連十千根（物部連十千音）・壱伎直真根子・難波根子

鐸・多久……鐸比古・鐸比売（河内）、宅美・託美（尾張）、三宅（伊勢・遠江・越後・丹波・丹後）、多久（丹後・出雲）

・宅美・託美の美は加夜那留美の条で説明したように、原始的な霊格の一つで闇於加美・大山津見・綿津見・月夜見神などの接尾語に見られる。また安寧天皇の志木津日子玉手見の「玉手見」にも見られる。玉手は瓊手と同意である。これから鐸霊と考えられる。

・三宅は「みやけ」と呼んでいるので、『日本史総覧コンパクト版』（新人物往来社、1987年）の屯倉一覧表を対比すると次の通りである。

「三宅」の付く神社	屯倉のある地
伊勢国鈴鹿郡三宅神社	三重県津市、多気郡三宅郷で該当しない
河曲郡大鹿三宅神社	なし
遠江国引佐郡三宅神社	麁玉郡三宅郷、隣の引佐郡であり該当しない
越後国古志郡三宅神社	越後国、屯倉なし
丹波国桑田郡三宅神社	丹波国蘇斯岐（京都府中郡内か）該当しない
丹後加佐郡三宅神社	丹後国、屯倉なし

となっており、伊勢国の鈴鹿郡と河曲郡の三宅は屯倉一覧表になく、また麁玉郡と引佐郡は隣接しており屯倉の可能性があるが、他の3例は該当しないので、尾張国の宅・託美の多久と同じく御鐸（三宅）で

Ⅲ　『延喜式神名帳』の中の銅鐸神社　　105

はないかと推察される。

笠……加佐美（美濃）、笠間（越前）、笠間・笠野（加賀）、天都賀佐比
　　　古（阿波）

　銅鐸は山形で下に大きな穴があり笠の形をしており銅鐸を笠にたとえ
ていると思われる。
・加佐美のみも前項の美と同じ意味であると考えられる。
・天都賀佐比古は、天の笠日子は最終的な紐に3個の渦巻状双耳を持っ
　た近畿式銅鐸を現しているようである。
・笠間は笠（銅鐸）の置かれているところを現していると思われる。
・笠野は笠之神社の［之］ではなかろうか。

『古事記』の例
・玖賀耳之御笠（9個耳を持った銅鐸）

入……入見（尾張・遠江）

　入見は欠史八代の天皇の譜系の入日子・入杵に対応していると考えら
れる。

角……高角（大和）、角避比古（遠江）

　高角・角さりという言葉は近畿式銅鐸の各名称の鈕についている渦巻
状双耳を呼んだのではないかと考えられる。これは銅鐸の頭についた角
のように見える。

　三木文雄著『銅鐸』に次のような近畿式銅鐸と三遠式銅鐸についての
説明がある。「近畿式と呼ばれているものは大は134.5センチに及ぶ大
形から60センチ程度のものまであって、鈕に3個の耳を飾っていること
と、身の筒形度が強く正円のものがある。三遠式と呼ばれるものには鈕
に耳がなく、身の筒形度がやや弱く、重厚な感じがする上に、身の中横
帯の三～四条の凸線が鰭にまで伸び出ているなどの違いがある。」

したがって高角は近畿式銅鐸の大きい三つの双耳を呼んだのではないかと考えられ、角避は角のない三遠式銅鐸を現していると考えられる。

久佐奈岐・伊佐奈彦……草薙・久佐奈岐（駿河）、伊佐奈彦（越前）・久佐奈岐
・「くさなき」は草薙の剣の説話にあるように、倭建命が相模の国で賊にあったとき、草をなぎ払って火退けの火をつけて焼き払い、賊を焼き払ったことから由来した剣の名称となったとされているが、倭建命説話は作為されていることをすでに明らかにしており、「くさなぎの剣」は駆・鐸＝鐸を追う剣ではないかと考えられる。また、く［消］下二→け［消］であり、駿河地方は銅鐸の出土数が少なく、銅鐸圏との境に当たっており「消・鐸」すなわち銅鐸の消えている地方を指しているとも考えられる。

・伊佐奈彦
　「いさな」は鯨や海辺の魚を意味している。この神名と同様な「いさな」を持っている神は記紀の伊邪那美神でおなじみであるが、その他の例として『出雲風土記』に１回出ている。
　「古志の郷、すなはち郡家に属かり。伊奘那美の命の時、日淵河をもて、池を作り給ひき。その時古志の国人達、来たりて堤を作りて、やがて宿りし処なり。故、古志という」
　「いななみ＝くじら・見」であると考えられるので、鯨の泳いでいるのを見張る神の意となる。したがって「いさな・日子」は「いさな・見」神と同様鯨に関係した神であることが分かる。

都留弥・都留美嶋（河内）
・都留弥
　つり［釣り・吊り］①垂らした糸で魚を取る。上に紐などをかけて、物を一定の高さに保つ。

Ⅲ　『延喜式神名帳』の中の銅鐸神社　　107

「み」は「霊」で、吊り下げて鳴らす銅鐸を現している。
・都留美嶋
　しま［嶋］①水に囲まれた陸地。② 泉水のある庭。③限られた地域。特定の地帯。
　これから銅鐸の鳴る限られた地域を指しているのではなかろうか。

4　結　び

『延喜式神名帳』に記された神社名の中に銅鐸を打って鳴らす能動的動作の表現と銅鐸そのものの形式の表現が存在していることが分かった。これを整理すると次表の通りとなる。

本体	動　作	結　果	形　式
鐸	打つ・突き立つ	鳴、奈具、音鞍、座、倉、椋	都留弥、笠、入、角山片（片山）、開口（大口・小口）

　弥生時代は文字のない時代であり、これらの表現は最も簡単な日本語の語句であることが分かる。
　驚くことに延喜式の編纂は醍醐朝の905年に着手され927年に奏上されている。したがって弥生時代後期は紀元100～300年と言われており、延喜式が奏上されるまでに弥生後期後から600年経過しているが、銅鐸圏の神社に直接あるいは間接に銅鐸を現した神社名が残存していたことが明らかになった。
　特に興味深く感じたのは打ち、突きという言葉である。内（宇治）という言葉は山代・摂津・尾張・信濃・出雲などの神社に見え、尾張では内内信濃では小内となっている。『古事記』には欠史八代の天皇の譜系に内色許男・内色許女・味師内宿禰・建内宿禰という内名があり、この「内」を「打ち」とすると内色許男・内色許女は鐸を打つ男女を現している。

次に味師内宿禰については「うまし」①味がよい、②感じがよい、③巧みだ、④よい、⑤愚かだ、という意味より、巧みに鐸を打つ、または感じがよく鐸（宿音）を打つことを現し、建内宿禰については「たけし」①威圧的で勇壮である、②たいした勢いである、③世間体が立派である、④なしうる最高である、⑤勢いがはげしい、という意味より激しく鐸を打つことを現していると考えられ、人名というより銅鐸を打っている状態を現しているように思われる。

　また突きについては都久宿禰がありこれも単純に鐸（宿音）を突くを現していて宿禰が打ちと突くで形容されていることが分かる。

　以上から次のことが推察される。

・倭国は大和地方を平定統治したが銅鐸文化に対しては圧迫を加えなかったのではないかと考えられる。
・銅鐸と銅剣銅矛文化は同時代の産物であり、注意深く古代の言葉を探れば更に新しい銅鐸文化の発見が期待できると思われる。

付表1 『古事記』・『風土記』の日子名称

1 『古事記』神話

宇摩志阿斯訶備比古遅	飯依比古（讃岐国）
石土毘古	大屋毘古
速秋津日子	志那津比古
火之炫毘古	金山毘古
波邇安毘古	奥津那芸佐毘古
辺津那芸佐毘古	（天津日子根・活津日子根）
甕主日子	少名毘古
奥津日子	天若日子
阿遅志貴高日子根	日子番能邇邇芸
猿田毘古	天津日高日子穂穂手見
海幸彦・山幸彦	

2 『風土記』

常陸国	疏禰比古・鳥日子・寸津毘古・古都比古	
出雲国	青幡佐久佐日子	山代日子
	伊奘奈枳	阿遅須枳高日子
	都留支日子	八尋鉾長依日子
	磐坂日子	衝杵等乎而留比古
	赤衾伊農意保須美比古佐和気	宇乃治比古
	多伎都比古	神門臣古祢
	天津枳値可美高日子（薦枕志都沼値）	伎比佐加美高日子
	塩冶毘古	須久奈比古
	宇能治比古	樋速日子
	阿波枳閉委奈佐比古	
播磨国	大帯日子命	比古汝弟命
	吉備津比古	阿賀比古
	大汝少日子根	麻奈毘古
	長日子	土師弩美宿祢
	伊勢都比古	比古神
	石龍比古	神比古命
	玉足日子	阿遅須伎高日子尼
	伊与都比古神	讃岐日子神
	丹津日子神	

3 『古事記』天皇記

安寧	師木津	日子玉手見	師木津日子	
	常根津	日子伊呂泥		
	大倭	日子鉏友		
懿徳	大倭	日子鉏友		
	御真津	日子訶恵志泥	多芸志比古	
孝昭	御真津	日子訶恵志泥	天押帯日子	
	大倭	帯日子国押人		
孝安	大倭	帯日子国押人		
	大倭	根子日子賦斗邇		
孝霊	大倭	根子日子賦斗邇	日子伊佐勢理毘古	
	大倭	根子日子国玖琉	若日子建吉備津日子	
		日子刺肩分		
		日子寤間		
孝元	大倭	根子日子国玖琉		
		少名日子建猪心		
	若倭	根子日子大毘毘		
		比古布都押信		
		比古伊那許士別	大毘古	味師内宿禰
			建波邇夜須毘古	建内宿禰
			宇豆比古	波多八代宿禰
			長江曾都毘古	許勢小柄宿禰
開化	若倭	根子日子大毘毘	沙本毘古	蘇我石河宿禰	大筒木垂根
		比古由牟須美	室毘古	垂見宿禰	讃岐垂根
	御真木	入日子印恵	八瓜入日子	志夫美宿禰	
		日子国意け都	伊理泥	息長宿禰	
		日子坐王	息長日子	若子宿禰	
		丹波比古多多須美知			
		能宇斯王			
崇神	御真木	入日子印恵	豊木入日子		大入杵
	伊久米	入日子伊沙知	倭日子		意富多々泥古
		大帯日子於斯呂和気			玖賀耳之御笠
			印色入日子		
			大中津日子		
			若木入日子		

Ⅲ 『延喜式神名帳』の中の銅鐸神社 111

		伊賀帯日子	沼帯別
		五十帯日子	
		沙本毘古	
景行	大帯日子於斯呂和気		倭根子
	若帯日子	八尺入日子	柴野入杵
		若建吉備津日子	
		五百木入日子	
		若木入日子	
		吉備兄日子	
	日子人大兄	須売伊呂大中日子	
		御鉏友耳建日子	
		押黒兄日子	
		押黒弟日子	
	帯中津日子		
成務	若帯日子		建忍山垂根
仲哀	帯中日子	伊佐比宿禰	
		建内宿禰	

付表2　『延喜式神名帳』の中の日子神および銅鐸神

畿内	山城国	大53小19	自玉手祭来酒解神社	賀茂山口神社
			片山御子神社	御諸神社
			大椋神社	
			宇治神社	宇治彼方神社
			旦椋神社	巨椋神社
			内神社	棚倉孫神社
	大和国	大128小158	奈良豆比古神社	和に坐赤坂比古神社
			御前社石立命神社	五百立神社
			天之石立神社	久志玉比古神社
			伊射奈岐神社	龍田比古神社
			龍田坐天御柱国御柱神社	
			伊古麻都比古神社	伊古麻山口神社
			平群石床神社	巨勢山口神社
			鴨山口神社	葛木水分神社
			高天彦神社	大穴持神社
			葛木大重神社	一事尼古神社
			高鴨阿治須岐託彦根命神社	
			伊射奈岐神社	当麻都比古神社
			当麻山口神社	大坂山口神社
			宇智神社	葛城二上神社
			吉野水分神社	吉野山口神社
			大名持神社	宇太水分神社
			高角神社	
			神御子美牟須比女神社	
			都賀那木神社	
			大神大物主神社	忍坂坐生根神社
			長谷山口神社	忍坂山口神社
			水口神社	曳田神社
			伊射奈岐神社	
			宗我都比古神社	飛鳥山口坐神社
			畝火山口坐神社	石椋孫神社
			加夜奈留美命神社	呉津孫神社
			許世都比古命神社	弥志理都比古神社

Ⅲ　『延喜式神名帳』の中の銅鐸神社　　113

			石村山口神社	耳成山口神社
			屋就神社	都祁水分神社
			都祁山口神社	夜都伎神社
	河内国	大23小10	建水分神社	伯太彦神社
			金山孫神社	鐸比古・鐸比売神社
			若倭彦命神社	堤根神社
			都留美嶋神社	都留弥神社
	和泉国	大1小61	開口神社	旧府神社
			日根神社	
	摂津国	大26小9	止杼侶支比売神社	幣久良神社
			天水分豊浦命神社	生根神社
			伊射奈岐神社	為那都比古神社
			垂水神社	岐尼神社
			公智神社	
東海道	伊賀国	大1小24	木根神社	宇都可神社
	伊勢国	大14小44	伊佐奈岐宮神社	草名伎神社
			大水神社	大土御祖神社
			山末神社	仲神社
			大神神社	三宅神社
			片山神社	大鹿三宅神社
	尾張国	大8小113	大神神社	大口神社
			宅美神社	託美神社
			小口神社	片山神社
			内々神社	小口神社
			成海神社	孫若御子神社
			入見神社	
	参河国	28	赤日子神社	石座神社
	遠江国	大2小60	弥和山神社	大神神社
			角避比古神社	曾許乃御立神社
			三宅神社	入見神社
			許弥神社	
	駿河国	大1小21	神神社	草薙神社
			中津神社	久佐奈岐神社
東山道	近江国	大13小133	小槻神社	小槻神社

			御上神神社	水口神社
			片山神社	布勢立石神社
			鉱練日古神社	大椋神社
			太水別神社	大荒比古神社
			大水別神社	大寸神社
			槻神社	
	美濃国	大1 小38	大神神社	久久美雄彦神社
			仲山金山彦神社	加佐美神社
			大山神社	
	信濃国	大7 小1	武水別神社	健御名方富命彦神社
			美和神社	小内神社
北陸道	若狭国	大3 小39	若狭比古神社	石鞍比古神社
			苅田比古神社	伊射奈伎神社
			御方神社	
	越前国	大8 小118	大椋神社	横椋神社
			伊部磐座神社	大神下神社
			伊佐奈彦神社	天国津彦神社
			天鈴神社	玉佐佐良彦神社
			信露貴彦神社	
			山方神社	磐座神社
			大槻磐座神社	高於磐座神社
			多弥神社	比古奈神社
			笠間神社	
	加賀国	小32	三輪神社	笠間神社
			笠野神社	
	能登国	大1 小42	瀬戸比古神社	諸岡比古神社
			百沼比古神社	藤津比古神社
			久麻加夫都阿良加志比古神社	
			大穴持神像石神社	
			藤原比古神社	加夫刀比古神社
			鳥屋比古神社	荒石比古神社
			久氐比古神社	能登生国玉比古神社
			白比古神社	伊須流支比古神社
			余喜比古神社	阿良加志比古神社

			御門主比古神社	宿那彦神像石神社
			鳳至比古神社	石瀬比古神社
			石倉比古神社	美麻奈比古神社
			神目伊豆伎比古神社	古麻志比古神社
			加志波良比古神社	
	越中国	大1小33	八心太市比古神社	多久比礼志神社
	越後国	大1小55	大神神社	三宅神社
			槻田神社	伊夜比古神社
			大形神社	
	丹波国	大5小66	三宅神社	高座神社
			伊都伎神社	御手槻神社
	丹後国	大7小58	奈具神社	三宅神社
			宇豆貴神社	多久神社
			名木神社	奈具神社
山陰道	但馬国	大18小113	佐伎都比古阿流知命神社	社内神社
	因幡国	大1小49	大神神社	二上神社
			布留多知神社	槻折神社
	伯耆国	6	大神神社	
	出雲国	大2小18	杵築神社	大穴持御子神社
			大穴持伊那西波伎神社	
			大穴持御子神社	神大穴持御子神社
			内神社	垂水神社
			多久神社	大穴持神社
			大穴持伊那西波伎神社	天若日子神社
			伊佐那伎神社	阿遅須伎神社
			天若日子神社	大穴持海代日古神社
			比古佐和気神社	塩冶比古神社
			塩冶比古麻由弥能神社	須美禰神社
			塩冶比古命御子太刀天穂 　日子命神社	
			斐伊波夜比古神社	
	石見国	34	朝倉彦命神社	
			大祭天石門彦神社	櫛色天蘿箇彦神社
			立田建埋根命神社	

	播磨国	大7小43	天伊佐々比古神社	大名持御魂神社
			御形神社	天目一神社
	備前国	大1小25	片山日子神社	神根神社
			大神神社	石別神社
			石門別神社	
	備中国	大1小17	吉備津彦神社	神神社
	備後国	17	比古佐須伎神社	国高依彦神社
			蘇羅比古神社	知波夜比古神社
南海道	紀伊国	大13小18	鳴神社	刺田比古神社
			高積比古神社	朝椋神社
			伊達神社	
	淡路国	大2小11	伊佐奈伎神社	築狭神社
	阿波国	大3小47	大麻比古神社	宇志比古神社
			伊射奈美神社	天椅立神社
			天都賀佐比古神社	天水沼比古神社
			麻能等比古神社	大御和神社
			天佐自能和気神社	御県神社
			山方比古神社	宇母理比古神社
			阿佐多知比古神社	
	讃岐国	大3小21	大養彦神社	
	伊予国	大7小17	国津比古命神社	伊予豆比子命神社
	土佐国	大1小20	深淵神社	朝倉神社

銅鐸神社合計÷神社総数＝283÷2133＝13.27%

Ⅳ 記紀の神話の比較

1　記紀の神話の比較

『日本の歴史　1 神話から歴史へ』（井上光貞著、中央公論社、1965年）の中で神話の黄泉国の条で著者は次のように述べている。

　この黄泉国神話の一節と、のちに述べる大国主神の話ほど古事記と日本書紀のあいだに大きなちがいのある部分はない。というのは、日本書紀の本文では、この話がまったく書いていないからである。したがって、神代史にとってもっとも大事な禊による神々の誕生は、日本書紀では、前の「国生み神話」の最後につながるにすぎないのである。
　それでは、どちらがもとの形なのだろうか。津田氏はこれについて、黄泉国のない日本書紀型の方がもとの形だと述べているが、わたしは疑問を感じる。というのは、日本書紀の十一の一書のなかで、第六、第十の二つの異本には、黄泉神話の中心となるb（男神の訪問、女神の醜状・追跡、男神の逃走）c（呪詛の争い）の両部分を記しており、火の神を生んで死んだという話や男神が火の神を殺した話は、第二、第三、第五、第七、第八に見えている。これらの異本のありかたは、「旧辞」にもこの話があったことを示している。
　また津田氏は、黄泉国の話がないのがもとの形だとする論拠として、この話は神代史全体の構想と関係がないとも述べているが、はたしてそうだろうか。というのは、日本神話にみられる「神」の観念の一つの特色は、死やけがれを去ったそのなかからこそ、もっとも尊い神聖が生まれるという逆説的な考えかたにあり、死が生の前提になるというのは、未開の農耕民族に特長的な世界観ともいわれる。もし黄泉国の話がないとすると、日本神話にとっていちばん大切な天照大神以下三神の誕生がはなはだ平板なものになってしまうからだ。

私はすでに拙著『記紀と推計』において『古事記』の本質について次のように述べている。
　『古事記』は倭国史を大和王朝史に180度変換すべく藤原不比等(ふひと)が太安万呂に命じて、倭国の神話と各大王の譜系をいかに改ざんすべきかを示した原案であり、その骨子は次の通りである。
① 　倭国の創造神である天産日神（高御産巣日神(たかみむすひ)）と天照神神話の中に銅鐸神（中主・常立・底立・面垂(おもだる)・綾惶音(あやかしこね)・斎鐸(いさなぎ)・大穴持神(おおあなもち)・日子神など）を混交し大和王朝の神話を創作する。
② 　倭国の北部九州平定説話を神武東征に変換し、これを史書の冒頭に置き、大和王朝が日本の始原より本州の大和に存在し、本州・九州・四国を支配してきた唯一の王朝であることを宣言する。
③ 　神武の建国を紀元前660年の辛酉の年とし王位の穴埋めをすべく、日子国（銅鐸国）の大王の譜系を接続し、倭国と日子国を混交し融合した大和王朝を創作する。
④ 　兄弟執政であった倭国の並列的な兄天・弟日大王を直列に並び替え暦年を延長する。
　『日本書紀』はこの『古事記』の教示に忠実に従い、倭国史の各兄天大王の業績を各弟日大王に振り分け大和王朝にとって不都合な条を削除し天皇紀を作為している。
　さて『古事記』の神話は別天神・神代七代から各段を経て火遠理命(ほをり)まで、一糸乱れず統合整理されて高度に円熟完成しているのに対し、『日本書紀』の神話が格段とも雑然として未整理の状態にあり、更に格段とも多くの断片的説話が一書に記されて並べられている。これから倭国の史書には書紀の神話のようにもともと未整理な断片的な説話が数多く記されていたと考えられる。したがって『古事記』はこの断片的な説話を一つの説話に統合し連結し芸術的に塗り替えるべく、
　　① 　各地の銅鐸神を神話の中に挿入する。
　　② 　また銅鐸国の神話を転用し、神話を連結し一連の説話に完成する。

Ⅳ　記紀の神話の比較　　121

③　大和王朝に不都合な部分を削除し、新しい説話を追加する。
等の操作を行っているのではないかと推察される。
　そこでこの問題について検討しよう。

2　記紀神話の各段の登場神の比較

　記紀神話の各段の登場神の比較を行うべく『古事記』の登場神に対する『日本書紀』の各書の登場神の対比表を次の通り作成した。
　表1　原始の神（P.123）
　表2　黄泉の国（P.127）
　表3　神々の生成（P.130）
　表4　天安河の誓約・天の石屋戸（P.133）
　表5　葦原中国平定・天孫降臨（P.136）
　表6　大蛇退治（P.140）
　表7　海幸・山幸（P.140）
上表より順次に『古事記』と『日本書紀』の神々につき、
　・記だけの神に対する記紀共存神および紀だけの神の割合
　・記の神に対する紀の神の出現状況
　・紀の説話の進展の模様と記紀説話の文章・表現の比較
などについて考察することにしよう。

原始の神

表1　原始の神

	『古事記』原始神	『日本書紀』本文(第1段)	一	二	三	四	五	六	本文(第2段)	一	二
1	●天之御中主					3		1			
2	高見産巣日					4					
3	神産巣日					5					
4	●宇摩志阿斯訶備比古遅		1	1				2			
5	●天之常立										
6	●国之常立	1	1	2		1	1	3			1
7	豊雲野	3									
8	宇比地邇								1	1	
9	妹須比智邇								2	2	
10	角杙									3	
11	妹活杙									4	
12	意富斗能地								3		
13	妹大斗乃辯								4		
14	●於母陀流								5	5	
15	●妹阿夜訶志古泥								6	6	
16	●伊邪那岐								7	7	5
17	●伊邪那美								8	8	6
	a	0.286	0.143	0.286	0.143	0.571	0.143	0.429	0.471	0.471	0.176
18	○国狭槌	2	3	3		2	2				
19	○国底立		2								
20	○国狭立		4								
21	○種々の豊雲		5								
22	○天鏡										2
23	○天万										3
24	○沫なぎ										4
	b	0.059	0.235	0.059		0.059	0.059				0.176

＊a＝紀記と同じ神の合計÷記の神の合計　b＝紀だけの神÷記の神の合計
＊原始神名に●を付したものは銅鐸神、○は紀だけの神を表す。

前表より次のことが分かる。

イ）書紀第1段本文においては『古事記』天之御中主から天之常立までの五神を特別な神として重要視しているのに全く採用されず、次の国之常立と豊雲神が採用されている。

ロ）更にこの五神は本文でない各書に一・二神バラバラに分散して採用されており、国之常立神のみ第三書以外の本文から第六書まですべてに採用されているので、『日本書紀』はこの神が原始の神であったと主張している。

ハ）第四書に天之御中主・高見産巣日・神産巣日神の三神が採用されている。

ニ）書紀第2段本文においては宇比地邇（うひぢに）から伊邪那美（いざなみ）まで十神中角杙（活杙）と意富斗能地（おほとのぢ）（大斗乃弁）をそれぞれ除いて採用されている。

ホ）この原始の神の第1段と「表2 黄泉の国」・「表3 神々の生成」の第5段以外の説話は本文が『古事記』の説話とほぼ似通っていて記の登場神に対する紀の登場神割合は50～75%となっている。

ヘ）これからこの第1段の原始の神については『日本書紀』の編纂者は『古事記』の記述に反対の態度を示しているように思われる。しかし第2段本文および第一書は記の登場神に対して80%となっており、これらの神については『日本書紀』の編纂者は『古事記』の指示にやむなく従っている。

　ここで銅鐸神と倭国の天産日尊について考察しよう。
　銅鐸神は次の通りである（『「天・日」の称号と「豊」の美称』参照）。
天御中主尊……底・中・上筒男命は銅鐸を製造するときの銅鐸の鋳型の石を現しており、内側の鋳型と外側の鋳型の中心に銅の溶液を注いで銅鐸を製造するので、中主は中筒即ち銅鐸を現している。この中は欠史八代の大中津日子・須売伊呂大中日子・帯中日子・額田大中日子中臣へと受けつがれている。

天　常立・国常立・国狭立尊……立てて眺める銅鐸、床に立つ銅鐸。
　あめのとこたち　　くにのさたち
国狭槌尊……銅鐸の舌、鳴らす銅鐸の舌。
くにのさつち
面足尊……顔を垂らしている釣って鳴らす銅鐸。
おもだる
惶根・吾屋惶根尊……恐れ多いもったいない音の神、綾模様の恐れ多い
かしこね　あや
　もったいない音の神、大変賢い音の神。
伊奘諾尊……〈い・さなき〉斎・鐸尊、これは正に銅鐸そのものである。
伊奘冉尊……〈いさな・見〉鯨を見張る神。

　ここでは高見産巣日（神産巣日）のみが倭国の神であり産日という言葉は明らかに日を生む意味であり、この神が日の神である天照神を生んだことが分かる。

　したがってもともと高見産巣日神の名称は天産日神であったと考えられる。

　また神産巣日については『古事記』と『日本書紀』の記録を対比すると次の通りである。

『古事記』の神産巣日	『日本書紀』には登場しない
i　須佐之男が大気都比売を殺しその体に稲・粟・小豆・麦・大豆が生じたので神産巣日がこれを種とする。	月夜見尊が保食神を殺しその体から牛馬・粟・蚕・稗・稲・麦・大豆が生まれる。
ii　大国主が八十神の迫害をうけ焼き殺されたので、神産巣日がきさ貝比売と蛤貝比売に母の乳汁を塗らせて生きかえらせる。	この説話はない。
iii　少名毘古那を生んだと答える。	高皇産霊の子少彦名命

　上表から『古事記』の神産巣日神は三つの仕事をしているが『日本書紀』では何も仕事をしていない。ただ名前だけの神となっている。

　『古事記』は別天つ神五柱として、天御中主、高見産巣日、神産巣日、宇摩志阿斯訶備比古、天之常立の五神を定め次に神世七代を接続している。
うましあし

高見産巣日と神産巣日はいずれも産巣日神であり異名同神と考えられ、『古事記』がこの二つの独神を並べている理由はよく分からないが、天産日（高見産巣日）は天照神の父神であることから、『古事記』が伊邪那岐を天照神の父神としたので、産日神を二神とし更に神々の生成の条で和久産巣日を加え三神としその上名称までモダンな高見産巣日に変え、創造神としての神格を曖昧化しているのではないかと考えられる。
　したがって、天産日（高見産巣日）神以外の産巣日神は『古事記』の創作神と考えられる。
　『出雲風土記』には神魂命(かみむすび)が登場しており沢山の子を持っているが、風土記には子供の父親の名が記されおり、この神魂命は天産日尊と考えられる。
　高見産巣日神は第1段第四書に登場した後、第7段天安河の誓約の第一書、第8段大蛇退治の第六書に登場したのち第9段葦原中国平定・天孫降臨の命令者として本文に登場している。
　これは高見産巣日神の二大任務である国土および神々の生成と葦原中国平定のうち、前者を『古事記』の指示に従ってやむなく伊邪那岐神に譲ったためであると考えられる。

黄泉の国

表2　黄泉の国

	『古事記』黄泉の国	『日本書紀』本文	一	二	六	九	十
1	大雷					2	
2	火雷					3	
3	黒雷					4	
4	拆雷					5	
5	若雷					6	
6	土雷					7	
7	鳴雷					8	
8	伏雷					9	
9	黄泉醜女				1		
10	意富加牟豆美						
11	黄泉津大神						
12	道敷大神				6		
13	道反之大神				7		
	禊と神々の生成						
14	衝立船戸					1	
15	道之長乳歯			3			
16	時量師						
17	和豆良比能宇斯			4			
18	道俣						
19	飽咋之宇斯			5			
20	奥疎						
21	●奥津那芸佐毘古						
22	奥津甲斐弁羅						
23	辺疎						
24	●辺津那芸佐毘古						
25	辺甲斐弁羅						
26	八十禍津日				8		
27	大禍津日						
28	神直日				9		
29	大直日				10		5
30	伊豆能売						
31	底津綿津見				11		
32	●底筒之男				12		
33	中津綿津見				13		
34	●中筒之男				14		
35	上津綿津見				15		
36	●上筒之男				16		
37	天照大神	7	1	1	17		
38	月読命	8	2	2	18		
39	須佐之男	11	3	3・4	19		

	『古事記』黄泉の国	『日本書紀』本文	一	二	六	九	十
1	○海	1					
2	○川	2					
3	○山	3					
4	○句句廼馳	4					
5	○草野姫	5					
6	○野槌	6					
7	○蛭児	9		3			
8	○天磐楠船	10		3・5			
9	○岐				2		
10	○速玉之男						1
11	○泉津事解之男						2
12	○菊理姫						3
13	○磐土						4
14	○底土						6
15	○大綾津日						7
16	○赤土						8
	a				0.462	0.231	
	b	0.205			0.05		0.205

＊a＝紀記と同じ神の合計 ÷ 記の神の合計
　b＝紀だけの神 ÷ 記の神の合計

＊原始神に●を付したものは銅鐸神、○は紀だけの神を表す。

イ）紀の第5段では、本文は記の記述とは全く異なっており、第4段で日本列島を生成したので、次にこの島々に海・川・山・木の祖句句廼馳・草の祖草野姫を生み、自然の条件を揃え、次に日の神天照と月の神月読を生み天に押し上げ、次に蛭児を生んだ後に素戔鳴尊を生んでいる。

ロ）第一書では左手に白銅鏡を持ったとき天照神、右手に白銅鏡を持ったときに月読神、また首を回らせたときに素戔鳴尊を化生している。

ハ）第二書では日月を生んだ後蛭児と素戔鳴尊を生み、その後火神軻遇突智を生んだため伊奘冉尊が焼かれて死んだと記されている。

ニ）記では伊邪那岐・伊邪那美が多くの神々を生成した後に伊邪那岐が火之迦具土神を生んで焼死した伊邪那美に会いに黄泉の国に行きそれから逃げ帰り阿波岐原で禊をしたのち、左の目を洗ったときに天照右の目を洗ったときに月読、鼻を洗ったときに須佐之男が生まれている。

ホ）次表の神々の生成と同じく第5段第六書には記の説話に類似した説話が記述されているが、すでに「表1　原始の神の条」で述べているように第六書というのは本文からかけ離れた距離にあり、この説話が『古事記』の指示を受けやむなく同調していることを表しているように思われる。

ここで記と紀の第六書の黄泉の国の条の記述の有無を比較して見よう。

記	紀・第六書
黄泉戸喫	○
見るな	○
湯津津間櫛	○
蛆	○
雷	×
黄泉醜女	○
黒鬘	○
蒲子	○
湯津津間櫛	○

記	紀・第六書
筍	○
黄泉軍	×
十拳剣	剣
後ろ手に振る桃坂	○
黄泉比良坂	○
千引の石	○
千五百人	○
道敷大神	○
道反之大神	○

このように記の18項目に対し紀は雷と黄泉軍を除いた16項目を記しており、後述している天の安河原の誓約と同じく紀の文章を記が模倣しているのではなく、紀が記の文章を模倣していることが分かる。

神々の生成

表3　神々の生成

	神々の生成	『古事記』	『日本書紀』二	四	六	七	八
1	大事忍男						
2	●石土毘古						
3	●石巣比売						
4	大戸日別						
5	天之吹男						
6	●大屋毘古						
7	風木津別之忍男						
8	大綿津見				5		
9	水戸				7		
10	●速秋津日子				[7]		
11	●妹速秋津比売						
12	●沫那芸						
13	●沫那美						
14	●頬那芸						
15	●頬那美						
16	●天之水分						
17	●国之水分						
18	天之久比奢母智						
19	国之久比奢母智						
20	●志那都比古				2		
	○級長戸辺				1		
21	久久野智				1 8	6	
22	大山津見				6		
23	鹿屋野比売・野椎						
24	天狭土						
25	国狭土						
26	天之狭霧						
27	国之狭霧						
28	天之闇戸						
29	国之闇戸						
30	大戸惑子						
31	大戸惑女						
32	鳥之石楠船	2					
33	大宜都比売		1				
34	火之夜芸速男						
35	●火之炫比古						
36	火之迦具土	3			10	1	1
37	金山毘古		2				
38	金山毘女						
39	波邇夜須毘古				9		
40	波邇夜須毘女	4	4				
41	彌都波能売	5 6	3				
42	和久産巣日・稚産日	6					
	○火産霊						
	○倉稲魂				3		
43	泣沢女				11		
44	石拆				13	4	
45	根拆				14	5 6	
46	石筒之男				15	6	
47	甕速日				12		
48	樋速日				13		
49	建御雷之男						
50	闇淤加美				17		
51	闇御津羽						
52	正鹿山津見					2	2
53	おど山津見						3
54	奥山津見						5
55	闇山津見				17		6
56	志芸山津見						7
57	羽山津見					4	
58	原山津見						
59	戸山津見						
	○高お上					3	
	○磐筒女				16	7	
	○蛭子	1					
	a			0.068	0.271	0.085	0.119
	b				0.034	0.034	

＊a＝紀記と同じ神の合計÷記の神の合計
　b＝紀だけの神÷記の神の合計

＊原始神に●を付したものは銅鐸神、○は紀だけの神を表す。

イ）第5段の本文・第一・二書までは記と異なり神々の生成説話がなく三神天照・月読・須佐之男が生成されている。

ロ）次に第二書から第五書までは伊奘冉尊が火神軻遇突智を生んだため火に焼かれて死んだことのみが記されている。

ハ）第六書において初めて記の記述と同様な神々の生成・火神の被殺・黄泉の国説話が語られているが、神々の生成および火神被殺の項では記の登場神に対する紀の登場神の割合は27.1％、黄泉の国の項では46.2％となっている。

ニ）神々の生成の項においては明らかに銅鐸国に属すると考えられる神々や日子名称を持つ神が多数存在している。
　日子神……石土毘古・速秋津日子・志那都比古・火之炫毘古・金山毘古・波邇夜須毘古
　銅鐸国の神……沫那芸（美）・頬那芸（美）・天（国）水分
　また記においては速秋津日子と速秋津比売及び大山津見と野椎とがそれぞれ創造神となって多くの神を生んでいる。

ホ）更に記の神々を見ると天と国・日子と比売の一対化による神の数の増加、また山津見神の正・奥・闇・志芸・羽・原・戸の接頭辞を変化させた作為性の強い神名が並んでいる。

ヘ）紀は第六書において記の登場神の27.1％を採用しているに過ぎない。

以上から次のことが推察される。

この神々の生成神話は『古事記』の創作であり、書記の本文のように素朴で単純な古代の自然科学的な智恵——天産日神（高御産巣日）が山川海草木を生んだ後に日の神天照と月の神月読を生んだこと——が倭国の『日本旧記』には記述されていたと考えられる。

『日本書紀』の神話は次の通りである。

鋒の先より滴り落ちる潮がおのごろ島になったのでこの島に下りて交わり日本列島を生んでいる。

Ⅳ　記紀の神話の比較　　131

次に伊邪那岐命が左手で白銅鏡を持ったときに太陽、右手にそれを持ったときに月が生まれている。
　また天安河の誓約において須佐之男命の十拳剣から多紀理毘売・市寸島比売・多岐都比売が生まれ、天照神の八尺の勾玉から天之忍穂耳命が生まれている。
　最後に天孫降臨のとき三種の神器を与えて日子番能邇々芸を地上に送っている。
　以上からこの神話が弥生後期の筑紫を中心とした銅剣銅矛の青銅器時代の文化の産物でありこの時代に形成されたと考えられる。
　したがって『古事記』の伊邪那岐命の左目から太陽、右目から月が生まれたという神話は、『神話の系譜』（大林太良著、青土社、1986年）に目から生まれた太陽についての古代諸国の例が多く語られているが、当時日本は韓国と中国しか行き来がなかったので、恐らく漢学者であった太朝臣安万侶が中国の盤古神話からヒントを得て作為した平安初期に創作された神話であったと考えられる。

天安河の誓約・天の石屋戸

表4　天安河の誓約・天の石屋戸

	『古事記』	『日本書紀』			
	天安河の誓約	本文	一	二	三	7段三
1	速須佐之男	1	1	1	1	1
2	●伊邪那岐命	2				
3	天照大神	3		2	2	
4	八尺勾玉	4		4		
5	十拳剣	5	2	8	3	
6	○九拳剣		3		5	
7	○八拳剣		4		7	
8	多紀理毘女				8	
9	（奥津島比売）		5		4	
10	市寸島比売	8		5	4	
11	（狭依毘女）					
12	多岐都比売	7	6	7	6	
13	○田心姫	6	7	6		
14	正勝吾勝勝速日天之忍穂耳	9			9	
15	○天忍骨		8	10		
16	○天忍穂根				2	
17	天之菩卑能	10	11	9	10	3
18	●天津日子根	11	9	11	11	4
19	●活津日子根	12	10	12	12	5
20	熊野久須毘	13		13		
21	建比良鳥					
22	○羽明玉			3		
23	○瀬之速日				13	6
24	○熊野忍踏		12		14	
25	○熊野忍隅				14	
26	○熊野大角					7
	a	0.750	0.50	0.625	0.687	0.250
	b	0.06	0.313	0.125	0.313	0.188

	『古事記』	『日本書紀』			
	天の石屋戸	本文	一	二	三	5段十一
1	思金	1	2			
2	天津麻羅					
3	伊斯許理度売		3		3	
4	玉祖					
5	八尺勾玉	5		6	6	
6	天児屋	3		9	1	
7	布刀玉	4		3	9	
8	八尺鏡	6		2	4	
9	白和幣	8		4		
10	青和幣	7				
11	天手力男	2			10	
12	天宇受売	9			12	
13	大気津比女					
14	頭－蚕					○牛馬
15	目－稲種					○目－稗
16	耳－粟					○額－粟
17	鼻－小豆					○眉－蚕
18	陰－麦					○麦大豆
19	尻－大豆					○腹－稲
20	神産巣日					
21	○中臣神	10				
22	○忌部神	11				
23	○稚日女		1			
24	○日矛		4	5		
25	○天羽はぶき		4	5		
26	○日前神		6			
27	○天糠戸者				1	2
28	○豊玉				5	
29	○山雷者				7	
30	○野槌者				8	
31	○天明玉				5	
32	○天日鷲				7	
	○木綿				8	
	a	0.45	0.10	0.25	0.35	
	b	0.20	0.20	0.20	0.20	

＊a＝紀記と同じ神の合計 ÷ 記の神の合計　b＝紀だけの神 ÷ 記の神の合計
＊原始神に●を付したものは銅鐸神、○は紀だけの神を表す。

イ）記の登場神に対する紀の登場神の割合は、本文天安河(あめやすかわ)の誓約75％、天の石屋戸45％となっておりこの説話は『日本旧記』に存在していたと考えられる。

ロ）『古事記』の中の日子神である天津日子根・活津日子根は『古事記』の創作神と考えられる。

　ここで『古事記』と『日本書紀』の神話の相関について更に調べよう。

ハ）『古事記』と『日本書紀』本文の三女神生成の表現を比較すると次の通りである。

　記：十拳剣を乞い・三段に打ち折り・（瓊音(ぬなと)もゆらに）・天の真名井(まない)に振り滌(すす)ぎて・さ嚙みに嚙みて・吹き棄(う)つる・気吹(いぶき)のさ霧に・成れる神

　紀・本文：十拳剣をこい・打ち折りて三段になし・（なし）・天真名井に濯ぎて・さ嚙みに嚙みて・吹き棄てる気噴きのさ霧に・生まれる神

これから紀の本文はただ「瓊音もゆらに」が落ちているだけで、その他の七つの表現は並び方も言葉も全く同じことが分かる。

　そこでその他の一書を見ると次の通りであり、

　紀・第一書：十拳剣（九拳剣・八拳剣）を食いて

　紀・第二書：天真名井に浮けて・剣の末を嚙ひ断ちて・吹き出づる気噴きの中に・化生る神

　紀・第三書：十拳剣を食して

　これから紀の神話は、①十拳剣を食して、②天真名井に浮けて・剣の末を嚙ひ断ちて・吹き出(う)つる気噴きの中に・化生る神、③本文へと説話が発展していることが分かる。

　ここでもし第二書の説話がなく、第一・三書の十拳剣を食してだけが『日本旧記』にあったとすれば、『古事記』の詳細な説話は思いつかなかったと考えられる。

　しかしながら、記の文章と紀・本文の文章が全く一致しているのは最終的に紀が記を模倣していると推察される。

ニ）次に天の石屋戸について調べよう。

　記：思金神・常世の長鳴鳥・天安河の河上の堅石・天金山の鉄・天津麻羅（まら）・石許理度売命（いしこりどめ）・鏡・玉祖命八尺勾瓊・天児屋命（あめのこやね）・布刀玉命（ふとたま）・天香山の真男鹿の肩（まをしか）・天香山の朱桜（ははか）・天香山の五百個の真賢木（まさかき）・上枝八尺の勾玉・中枝八尺鏡・下枝白青和幣（にきて）

　紀・本文：思兼神・常世の長鳴鳥・天児屋命・太玉命・天香山の五百個真坂樹・上枝八尺の御統・中枝八尺鏡・下枝白青和幣

　これから記の16項目のうち紀はその半分の8項目を採用していることが分かる。

　紀・第一書：石凝姥（いしこりどめ）・天香山の金で日矛・真名鹿の皮で天羽鞴（あめのはぶき）

　紀・第二書：天糠戸に鏡・太玉に幣・豊玉に玉・山雷者に五百個の真賢木の八十玉くし・野槌者（のつち）に五百個の野すずの八十玉くし・天児屋命に神祝

　紀・第三書：天児屋命・天香山の真賢木・上枝凝戸辺の八咫鏡・中枝天明玉の八坂瓊の勾玉・下枝天日鷲の木綿・太玉命に称辞をへて祈る

　ここでは天香山の五百個真坂樹が説話の中心の主要な話題であり記の項目は余りに煩瑣で登場神も余りに多く紀の本文は簡潔に省略していると考えられるが、登場神は記の記述に揃えているようである。

ホ）次に天宇受売命について調べよう。

　記：天香山の天日影を手次（たすき）・天真折を鬘（あめのまさき・かつら）・小竹葉を手草（ささば・たぐさ）・天石屋戸に受け伏せて・神懸りして・胸乳（むなち）をかき出し・裳紐（もひも）を陰に押し垂れき

　紀・本文：茅巻のほこ・天香山の真坂樹を鬘（たずき）・ひかげを襷に・天石戸の前・巧みに作俳優す・火処焼き・神懸りす

　紀の一書を見ると石屋戸からの天照神の誘導は天児屋命に神祝を述べさせているので天宇受売命は紀・本文に登場しているが第一・二・三書に記されていないことから『古事記』の創作のように思われる。したがって紀は「胸乳をかき出し、裳紐を陰に押し垂れき」を省いている。

Ⅳ　記紀の神話の比較　　135

葦原中国平定・天孫降臨

表5　葦原中国平定・天孫降臨

	『古事記』葦原中国平定	『日本書紀』本文	一	二	六	『古事記』天孫降臨	『日本書紀』本文	一	二	三	四	五	六	七	八
1	天忍穂耳	2				天忍穂耳	[2]	3	2						1
2	彦火瓊瓊杵	5				○天忍穂根							1		
3	○栲幡千千姫	4				○天忍骨								2	
4	高御産巣日	3		1	1	番能邇邇芸	1		3		1				4
5	天照神	1	1			○火瓊瓊杵根						4			
6	思金		3			万幡豊秋津師比売		2							
7	天菩日	6				○栲幡千千姫									
8	大国主					○万幡姫			1						
9	天津国玉					○千千姫							2		
10	●天若日子	10	2		2	○栲幡千千万幡姫							2		
11	下照比売	12				○天万栲幡千幡姫								1	2
12	鳴女					○玉依姫								1	
13	無名雉	13	4		3	天火明									
14	天佐具売	14	5			天宇受売		7							
15	●阿遅志貴高日子根	15	6			●猿田毘古		9							
16	十掬剣					天児屋			4						
17	大量	16				布刀玉		6	5						
18	神度剣	16				伊斯許理度売		8							
19	伊都之尾羽張	21				玉祖									
20	建御雷	24		2		八尺勾玉		3							
21	天迦久					鏡		4	5						
22	天鳥船	26		6		草薙剣		5							
23	八重言代	25				思金		1							
24	大己貴	7		5		手力男									
25	建御名方					天石門別									
26	水戸					登由宇気									
27	櫛八玉					櫛石窓									
28	●大背飯三熊之大人	8				豊石窓									
29	●武三熊之大人	8				頭椎太刀					4				
30	●天国玉	9				○天忍日					2				
31	●顕国玉	11				○天津久米					3				
32	●磐裂根裂	17				○猿女君									
33	●磐筒男	18				○神吾多都比売	3								

34	○磐筒女	19			○鹿葦津姫	3						
35	○経津主	20		3	○神吾田鹿津毘女		8	4		2		
36	○甕速日	22			木花佐久夜毘売	3		8				6
37	○熯之速日	23			石長比女			9				
38	○諸手船	26			大山都見	4		7		1		5
39	○稲背脛	27			火照							
40	○天津甕星			4	火須勢理			10	2			7
41	○天香香背男			4	火遠理			12		5		
42	○大物主				日子穂穂手見	6		12		6		8
43					○火闌降		5					
44					○火明	7		11	1		3	3
45					○火進				2	4		
46					○火折彦火火出見				3			
47					○事勝国勝長狭	2		6		5		
48					○玉屋		8					
	a	0.645	0.231	0.154	0.115	a	0.185	0.370	0.370		0.074	0.111		0.222
	b	0.482	0	0.115		b	0.111	0.037	0.148		0.111	0.148		0.074

＊a＝紀記と同じ神の合計÷記の神の合計　b＝紀だけの神÷記の神の合計
＊原始神に●を付したものは銅鐸神、○は紀だけの神を表す。

イ）本文の葦原中国平定では記の登場神に対する紀の登場神の割合は64.5％、天孫降臨では、18.5％となっている。本文の天孫降臨の条では多くの神々を集め三種の神器を授けた『古事記』の記録が欠損している。

ロ）これに対して第一・二書においては中国平定の登場神の割合はそれぞれ23.1％、15.4％となっているが、天孫降臨の条ではそれぞれ37.0％となっており前者は天孫降臨の前段後者は木花開耶姫(このはなさくや)説話の項を補充している。

ハ）第三書から八書までは記の天忍穂耳及び万幡豊秋津師比売(よろずはたとよあきつ)に対し紀においては、次表のような異名となっている。

（本文・一・二・八）天忍穂耳(あめのおしほみみ)、（六）天忍穂根、（七）天忍骨
（本文・六）栲幡千千姫(たくはたちぢひめ)、（一）万幡豊秋津師媛、（二）万幡姫、（六）火之戸幡姫の児千千姫、（七・八）天万栲千幡姫、（七）万幡姫の児玉

Ⅳ　記紀の神話の比較　　137

依姫

　これについては、拙著『「天・日」の称号と「豊」の美称』の「記紀と銅鐸」において、詳細に検討しており要約すれば次の通りである。

　天忍穂耳のまたの名は根の存在理由のためでありいろいろ忍穂耳に根をこじつけて根の付く異名を並べている、また万幡豊秋津師比売のまたの名については万幡豊秋津師比売が記の創作であり、栲幡千千姫が本来の正しい名前であることを、種々のまたの名を付け加えることによって暗示しているように思われる。

　同様に彦火瓊々杵(ひこほのににぎ)と鹿葦津姫(かしつ)についても色々異なった名前がある。
(本文・三・四・八) 彦火瓊々杵、(六) 彦根火瓊々杵根、(七) 天之杵
　火火置瀬、(七) 天之大耳
(本文) 鹿葦津姫、(本文またの名) 神吾田津姫(かむあたつ)、(本文またの名・二・
　八) 木花開耶姫、(二・三・五) 神吾田鹿葦津姫、(六) 豊吾田津姫
　ここでも彦火瓊々杵の異名は根の存在理由であり、鹿葦津姫と神吾田津姫は前者が正しいことを暗示している。

ニ) 天照大神の第一子は天忍穂耳であり母と同じく天の称号をもっている。ところがその次からは彦(日子)火瓊々杵→彦火々出見→彦波限建鵜葺草葺不合となっており日子名称となっていて、欠史八代の天皇の名称と同じ形式に変化している。

　また天忍穂耳は穂の神であるのに対し、彦火瓊々杵・彦火々出見は火の神を現している。

ホ) 彦火瓊々杵は『古事記』の文面では、生まれてすぐに赤子のまま降臨している。また紀の本文では真床追衾(まとこおふすま)に包まって降臨しており赤子であったように思われる。ところが木花開耶姫と会い一日で彦火々出見その他の子供を生んでいる。

ヘ) 木花開耶姫説話においては記の猿田毘古・猿女君に対し紀では事勝(ことかつ)国勝長狭(くにかつながさ)となっていて、火の中で生まれた子の名称がそれぞれ紀の一書では異なっていることが示されている。

『古事記』		猿田毘古・猿女君・天宇受売	火照・火須勢理・火遠理（日子穂々出見）
『日本書紀』	本文	事勝国勝長狭	火闌降・彦火々出見・火明
	一	猿田彦・天鈿女	
	二	事勝国勝長狭	火酢芹・火明・彦火々出見
	三		火明・火進（火酢芹）・彦火々出見
	四	事勝国勝長狭	
	五		火明・火進・火折（彦火々出見）

　上表から猿田彦は比古神であり倭国の神ではないので紀の本文ではなく第一書に採用しており、事勝国勝長狭（本文・二・四）が正しいことを紀は主張しているようである。また火の中で生まれた児の名前は銅鐸製造時の火の調整が非常に微妙であったことを表現しているのではなかろうか。

　猿田彦は「去る田・日子」であり「立つ田・日子」に対応していて、田圃に立てた銅鐸を祭祀の後田圃から持ち去る銅鐸を表している。

　以上から次のことが推察される。
① 　日子名称を持つ彦火瓊々杵と彦火々出見の二神は火の文化を営んでいた銅鐸国の神であり記の火照・火須勢理・火遠理また紀の火闌降・火明・火進などの神々の名称は銅鐸製造時の火加減を調整する当時の素朴な科学的表現であり、たった一日で子供が生まれるのは銅鐸が一晩で製造され火の中から鐸身が出現するのを暗示的に表現している。
② 　このように彦忍穂耳と彦火瓊々杵の間には明らかに断絶があることから彦火瓊々杵以下の譜系と説話は、明らかに『古事記』の作為であると考えられる。

Ⅳ　記紀の神話の比較

大蛇退治、海幸・山幸

表6　大蛇退治

	『古事記』大蛇退治	『日本書紀』本文	一	二	三	四	六
1	大山津見						
2	足那椎	1		2			
3	手那椎	2		3			
4	櫛田比売	3	2	1			
5	脚摩手摩			1			
6	稲田宮主簀狭八箇耳			2			
7	八俣大蛇	4		3	4		
8	○真髪触奇稲田姫			5			
9	十拳剣	5					
10	草薙剣	6		4	6	4	
11	○韓鋤剣			5			
12	○天蠅斫剣				2		
13	○蛇の麁正						
14	都牟刈太刀						
15	稲田宮主須賀八耳	8	1				
16	八島士奴美						
17	大国主						1
18	大穴牟遅	7		6			3
19	葦原色許男						4
20	八千矛						5
21	宇都志国玉						7
22	○大物主						2
23	○大国主		4				6
24	○天むら雲剣	6					
25	○幸魂奇魂						9
26	○大三輪神						10
27	○甘茂君						11
28	○姫踏たら						
29	○五十鈴姫						12
30	○事代主						13
31	○溝樴姫						14
32	○少彦名						8
33	○三名狭漏彦八島篠		3				
34	○五十猛神					1	
35	○天之葺根					3	
	a	0.471	0.294	0.294			0.294
	b	0.059	0.059	0.059	0.176		0.529

表7　海幸・山幸

	『古事記』海幸・山幸	『日本書紀』本文	一	二	三	四
1	火照					
2	●海幸彦				2	
3	海幸	2	2			4
4	火遠理					3
5	●山幸彦				4	
6	○山幸	4	4			2
7	○火酢芹		1		1	1
8	○火闌降	1				
9	穂穂手見	3	3	1	3	10
10	十拳剣					
11	塩椎神	5	5		5	5
12	海神	7		3	7	9
13	無間勝間の船					
14	○無目籠	6				
15	○大目麁籠		6			
16	○無目堅間の船		7		6	
17	豊玉毘売	8	9	2	8	8
18	○海神豊玉彦		8			
19	御頸の珠					
20	虚空津日高					
21	綿津美神宮					
22	塩満珠	9		4	9	
23	塩乾珠	10		5	10	
24	一尋鰐					
25	佐久持神					
26	○八尋鰐		11		12	6
27	建鵜葺草葺付合	13	13		13	
28	玉依毘売	11	12		11	11
29	五瀬					
30	稲永					
31	御毛沼					
32	豊御毛沼					
33	神倭伊波礼毘古					
34	○龍	12				
35	○大鰐		10			
	a	0.421	0.263	0.263	0.526	0.368
	b	0.211	0.316	0	0.158	0.211

＊ a＝紀記と同じ神の合計÷記の神の合計　b＝紀だけの神÷記の神の合計
＊原始神に●を付したものは銅鐸神、○は紀だけの神を表す。

大蛇退治

イ）紀8段大蛇退治本文においては記の登場神に対する紀の登場神の割合は47.1％となっているが、大国主神の五つのまたの名を除くと66.7％となりこの説話が古くから存在していたと考えられる。

ロ）第一書から三書までは足那稚・手那稚の名称の異説にこだわり、六書では大国主の七つのまたの名を列挙している。

海山・幸山

イ）本文の記の登場神に対する紀の登場神の割合は42.1％であり『古事記』は海幸彦・山幸彦の日子名称を挿入しているが、これを海幸・山幸に置き換えると52.6％となりこの説話も『日本旧記』に存在していたと考えられる。

ロ）海幸・山幸説話は『古事記』においては次の特異点がある。

『古事記』は神話から天皇記まで一貫して「彦」の文字を用いず、日子・比古・毘古を用いているがこの海幸・山幸説話だけは海幸彦・山幸彦と「彦」の文字を用いている。

『日本書紀』は一貫して「彦」の文字を使用している。

神話の中で活動する日子神は葦原中国平定の条に天稚彦と味耜高彦根が登場している。この二神は『日本書紀』も反対することなく受け入れているようである。その理由としてはこの二神が出雲の神の譜系に属していて、天稚彦は「天」という倭国の象徴を持っているためと思われる。

したがってこの海幸彦・山幸彦説話は「大和王朝の神話」と欠史八代の銅鐸国の譜系を連結する役目を果していると考えられる。同様にこの「彦」は『日本書紀』の「彦」の出現の前触れとなっている。

ハ）『古事記』には次の詳細な豊玉毘売と山幸彦の出会いの様が語られている。

「故、教へのまにまに少し行きまししに、（略）すなはちその香木に

登りて坐しき。ここに海神の女豊玉毘売の従婢、玉器を持ちて水を酌まむとする時に井に光ありき。仰ぎ見れば麗しき壮夫ありき。いと奇異しと思ひき。ここに火遠理命その婢を見て水を得まく欲しと乞ひたまひき。婢すなはち水を酌みて玉器に入れて奉りき。ここに水を飲まさずて、御頸の玉を解きて口に含みて、その玉器に唾き入れたまひき」

ここで記と紀の本文および各一書を比較してみよう。

『古事記』		海幸彦・山幸彦・湯津香木・豊玉毘売の婢・玉器・井に光・仰ぎ見る・壮夫・御頸の玉・玉器に唾き入れる
『日本書紀』	本文	海幸・山幸・湯津桂樹・美人・玉鋺・仰ぎ見る・希客
	一	海幸・山幸・桂樹・美人・玉壺・仰ぎ見る・火々出見・豊玉毘売の侍者・玉瓶・井の中に逆さに人の顔・仰ぎ見る・神
	二	豊玉毘売・玉鋺・井の中に人影・仰ぎ見る・常人に非ず
	三	海幸彦・山幸彦
	四	山幸・海幸・湯津桂樹・侍者・玉鋺・井の中に人影・仰ぎ見る・天孫

この表から紀は「井の中に人影を見て仰ぎ見る」と表現しており、記の「御頸の玉を唾き入れる」という余りにも作為性の強い表現を除去している。

また海幸彦・山幸彦と記しているのは第三書のみであり、「彦」が倭国の名称でないことを暗示している。

二) 倭国は兄天・弟日の兄弟執政の国であったので、山幸（兄）・海幸（弟）説話は神世より兄の優位性を教えた物語であったと思われる。『古事記』は大和王朝の弟優位思想を主張すべく兄山幸を海幸に、弟海幸を山幸に組み替え、説話を逆転している。紀では第四書に山幸を兄としているが弟が釣針を探しに海宮に行っているのは本文と同じである。

3　まとめ

　『古事記』は藤原不比等の命により倭国史を大和王朝史に変換すべく、絶対権力のもと安万侶によって編纂された大和王朝史の原案であり、特に『古事記』の神話は倭国の天産日（高御産日）神と天照神を中心にした自然神話の中に多数の銅鐸神を混入して統合再製された和銅時代の神話である。

　これに対して『日本書紀』はささやかな抵抗を試み、その各々の一書に『古事記』の記録に対する異なった故事を列挙しているが、最終的にはその本文で『古事記』を模倣せざるを得なかったことが分かる。

　『古事記』の創造神の伊弉諾・伊弉冉尊は、
　　「いさなき」＝斎・鐸＝銅鐸神
　　「いさなみ」＝いさな（鯨）見＝いさり（漁業）神
であり、倭国の創造神天産日尊の二大任務は、①国土の修理固成と神々の生成、②葦原中国の平定の命令者　であり、このうち前者を伊弉諾尊に分譲している。

　以下格段ごとに『古事記』と『日本書紀』の記述を対比しよう。

原始の神

イ）『古事記』の原始神の神譜は別天つ神五柱神代七代となっていて欠史八代の譜系と同じように整然と一列に並んでいるが、紀第1段本文では国常立と豊雲野だけを採用し第四書に国常立・国狭槌・天御中主・高皇産霊・神皇産霊を採用している。

　　次に第2段本文では埿土煮から伊弉諾・伊弉冉までの10神中8神を採用している。

ロ）『古事記』の原始神のうちはっきり銅鐸神と思われる神は次の通りである。

天之御中主・宇摩志阿斯訶備比古遅・天（国）常立・於母陀流・阿夜訶志古泥・伊邪那岐

　『日本書紀』は『古事記』のように整然とした神譜はなかったと主張していることは、これらの神々がすべて作為されているとほのめかしているように思われる。したがって第１段では本文でなく第四書に高皇産霊・神皇産霊を含む５神を並べ、第２段本文では伊弉諾・伊弉冉を含み意味の曖昧な神々を『古事記』の指示に従い採用している。

黄泉の国
イ）紀の第５段本文は記の記述と全く異なっており、第４段で日本列島を生成したのでこの島々に海・河・山を生み木の祖句句廼馳と草の祖草野姫を生み、大自然の条件を整えたのち、日の神天照と月の神月読を生み天に押し上げている。
ロ）第一書では左の手に白銅鏡を持ったとき天照、右手に白銅鏡を持ったときに月読、頸をめぐらした時素戔鳴が生れている。
　　ここには伊弉諾・伊弉冉の黄泉の国での面接と伊弉諾の逃げ帰りおよび禊後の目より天照と月読の生成説話がない。

神々の生成・禊と神々の化生
イ）『古事記』と類似の説話は第六書に記されているが、『古事記』はここでも多数の日子神・銅鐸神を混交しており、
　神々の生成・火神被殺の条では……紀は記の登場神の27.1％の神
　黄泉の国・禊と神々の化生の条では……紀は記の登場神の46.1％の神
　を採用しているに過ぎない。
ロ）この条で最も重要な問題である伊弉諾の左の目から天照、右の目から月読が生まれたという説話は、次の理由から『古事記』の創作と考えられる。
・伊弉諾は（い・さなき＝斎・鐸）であり銅鐸神である。

伊弉冉は（いさな・み＝鯨・見）であり鯨を観察する漁業の神である。
・この説話は第六書にあり第二・三書では伊弉冉が火神軻遇突智を生んで焼かれて死んだことが記されており、第七・八書では伊弉諾が黄泉の国から逃げ帰る状況が記されていて作為性が強い。倭国の根の国の神は素戔嗚命であり、出雲神話の中の素戔嗚命の説話を伊弉諾・伊弉冉説話に振り替えているのではないかと思われる。
・記紀の説話の中で死んだ神は伊弉諾・伊弉冉だけである。また伊弉諾は出雲の国の伊賦夜坂から筑紫の日向の小戸の橘原、最後に淡路の幽宮に隠れおり、伊弉冉は死後紀伊国の熊野有馬村で葬られている。このように記は倭国の筑紫の神話を大和王朝の広域地名神話に引き伸ばしている。
・左の目から日の神、右の目から月の神が生まれたという説話は第六書以外の一書にはない。
・当時の日本の国交のあった国は朝鮮と中国のみであり、大林太良著『神話の譜系』の中には目から太陽と月が出た諸外国の説話例が記されているが、中国の盤古説話から漢学者であった安万侶がヒントを得て創作していると考えられる。

　したがって『古事記』の神々の生成より禊と神々の化生までの説話は安万侶の創作であると考えられる。

　また記紀は比売の美称のない男神を女神としており、天照にはこの比売が付されていないので男神であったと考えられる。日の神を女性としているのは女帝持統天皇にあやかっていると考えられる。

＊「Ⅴ　伊邪那美神は『いさな（鯨）見』神である」（P.151）を参照。

天安河の誓約・天の石屋戸

イ）記の登場神に対する紀の登場神の割合は紀の本文では、天安河の誓約75％、天の石屋戸45％となっており、この説話が『日本旧記』に存在していたと考えられる。

Ⅳ　記紀の神話の比較　　145

ロ）ここでは日子神として天津彦根・活津彦根が含まれており、これは記の作為であることが分かる。

ハ）『古事記』と紀・本文の表現を比較すると次の通りである。

記：十拳剣を乞い・三段に打ち折り・瓊音もゆらに・天の真名井に振り滌ぎて・さ嚙みに嚙みて・吹き棄つる・息吹のさ霧に・成れる神

紀・本文：十拳剣を乞い・打ち折りて三段になし・天の真名井に濯ぎて・さ嚙みに嚙みて・吹き棄つる気噴きのさ霧に・生まれる神

これから紀の本文はただ「瓊音もゆらに」が落ちているだけで、その他の七つの表現は並び方も言葉もおなじであることが分かる。

そこで他の一書を見ると次の通りである。

第一書：十拳剣（九拳剣・八拳剣）を食いて

第二書：天の真名井に浮けて・剣の末を嚙ひ断ちて・吹き出づる気噴きの中に・化生る神

第三書：十拳剣を食して

これから第一書→第二書→本文へと進化していると考えられるが、『古事記』の表現と本文の表現が全く一致しているのは、最終的に紀が記を模倣していると考えられる。

ニ）天の石屋戸説話については表4（P.133）においてすでに説明しているように、ここでは天香山の真坂樹が説話の主題であると思われるが記の項目はあまりに煩瑣で登場神もあまりに多く紀の本文は簡潔に省略しているようである。また天鈿女説話は本文のみであり第一・二書になく第三書には素戔嗚が来たことを日の神に告げるだけの役目であることから『古事記』の創作と考えられる。

素戔嗚の大蛇退治

イ）紀・第8段大蛇退治本文において記の登場神に対する紀の登場神の割合は47.1％となっているが、大国主神の五つのまたの名を除くと66.7％となりこの説話が『日本旧記』に存在していたと考えられる。

ロ）第一書から第三書までは脚摩乳・手摩乳についての異説にこだわり、第四・五書には素戔嗚が韓国に行った説話があり、第六書には大国主の六つのまたの名を記している。

葦原中国平定・天孫降臨

イ）紀・本文の葦原中国平定では記の登場神に対する紀の登場神の割合は64.5％、天孫降臨では18.5％となっている。本文の天孫降臨の条では神々を集め三種の神器を授けた記の記事が欠損している。

　第一・二書においては葦原中国平定の登場神の割合はそれぞれ23.1％、15.4％となっているが、天孫降臨の条ではいずれも37.0％となっており前者は天孫降臨の前段、後者は後段の木花開耶姫の項を補充している。

ロ）第三書から第八書までは記の天忍穂耳および万幡豊秋津師比売、日子番能邇邇芸及び神阿多都比売についてのまたの名を種々挙げているが、すでに拙著『「天・日」の称号と「豊」の美称』の「記紀と銅鐸」において、天忍穂耳・彦火瓊々杵のまたの名は根の存在理由のためであり、万幡豊秋津師比売と神阿多都比売については栲幡千千姫と鹿葦津姫の名が正しいと紀は主張している。

ハ）天照神の第一子は天忍穂耳であり母と同じく天の称号を持っている。ところがその次から彦（日子）火瓊々杵→彦火々出見→彦なぎさ武鸕草葺不合となっており日子名称になっていて、欠史八代の天皇の和風諡号とおなじ形式に変化している。

ニ）また天忍穂耳は穂の神であるのに対し彦火瓊々杵・彦火々出見は火の神を現している。

　『古事記』の天孫降臨では天忍穂耳が「降臨しようとしたときに赤子が生まれたのでこの子を下ろすべし」と言っており、穂の神から火の彦神に変わっていることからこの二神の説話は『古事記』の創作ではないかと考えられる。

Ⅳ　記紀の神話の比較

この彦火瓊々杵説話は聖武天皇が大宝元年（701）に生まれ和銅7年（714）に立太子の儀を挙げていることから、聖武天皇にあやかって作為されていると考えられる。

ホ）木花開耶姫説話は姉磐長姫と結びついた何故人間の命が花の散るように短いかを教えた説話であり、姫が一夜にして孕み火の燃える中から3人の男児が生まれ出る説話は『古事記』の創作による付加であったと考えられる。彦火々出見誕生説話は火の燃焼具合を微妙に調整しながら銅鐸を製造する過程を現しているように思われる。

・記の火照・火須勢理・火遠理また紀の火闌降・火明・火進などの神々の名称は銅鐸製造時の火加減の調節を現す当時の素朴な科学的表現であり、たった一夜のうちに子供が生まれるのは銅鐸が一晩で製造され火の消えた中から鐸身が出現するさまを説話にしていると考えられる。

・彦火々出見はこのように火の中から出てくるのを見るという神（銅鐸神）のようである。

ヘ）天孫降臨条の木花開耶説話の猿田彦については、紀は事勝国勝長狭が正しいと主張している。

　　猿田彦は日子神であり「去る・田・日子」で「立つ・田・日子」に対応しており、田植え時に田圃に立てて祭祀を行った後、田圃から持ち去る銅鐸を現していると考えられる。

海幸・山幸

イ）本文の記の登場神に対する紀の登場神の割合は42.1％となっており記は海幸彦・山幸彦の日子名称を挿入しているが、これを海幸・山幸に置き換えると52.6％となりこの説話も『日本旧記』に存在していたと思われる。

ロ）倭国は兄天・弟日の兄弟執政の国であったので、山幸（兄）・海幸（弟）説話は神世より兄の優位性を教えた物語であったと思われる。

『古事記』は大和王朝の弟優位思想を主張すべく兄山幸を海幸に、弟海幸を山幸に組み替え、説話を逆転している。紀では第四書に山幸を兄としているが弟が釣針を探しに海宮に行っているのは本文と同じである。
ハ）この記の説話には次の特異点がある。
　記は神話から天皇記まで一貫して「彦」の文字を用いず、日子・比古・毘古を用いているが、この説話だけは「彦」の文字を使用している。したがってこの説話は記の「大和王朝の神話」と紀の欠史八代の銅鐸国の王の譜系を連結する役目を果たしている。またこの説話は弟優位思想の端緒であり、弟日王天智による兄天王の王権簒奪を正当化している。

以上を簡単にまとめると次の通りである。
『古事記』は倭国史を大和王朝史に変換する指南書であり、『日本書紀』は全面的にこの指南に従って編纂しているが、次の点に『日本書紀』独自の考えを示していると思われる。
① 倭国の創造神高皇産日（天産日）に対し伊奘諾（伊奘冉）の交代はやむを得ず受け入れているが、『古事記』の整然とした別天五柱と神代七代の神譜系には反対している。
② 『古事記』の神々の生成・火神被殺・黄泉国・禊と天照・月読・素戔嗚三神の化生という世界に例を見ることができない、また古代人の思考能力では予想もできない込み入った神話に反対し、書紀本文では二神が日本列島を生んだ後海、川、山、木、草を生み直ちに日の神・月の神を生み天に送ったと記している。
③ 『日本書紀』は銅鐸神および日子神については最小限度に受け入れており、また万幡豊秋津師比売、神阿多都比売、猿田毘古に対し栲幡千千姫、鹿葦津姫、事勝国勝長狭が正しいと婉曲に主張している。
④ 『日本書紀』は最終的には『古事記』の記述に忠実に従って本文を

作っているが、格段に多数の一書を並べ順々に素朴な説話が複雑に進化し装飾されて行く過程を示し、最終の『古事記』の説話が和銅の神話であることをあからさまに仄めかしている。

Ⅴ 伊邪那美神は「いさな(鯨)見」神である

1 「き」と「み」の神

　伊邪那岐命の『日本書紀』の注は次のように述べている。
「イザナキのイザは誘う言葉、ナは助詞ノにあたる、キは男性を示す接尾語。この命名はその結婚の説話によるものであろう」
　また祝詞の中に「皇睦神ろきの命、神ろみの命もちて」という言葉が用いられていて、「神ろき」は男神、「神ろみ」は女神を表すとされているので、まずこれから調べることにしよう。

- 「き」と「み」がそれぞれ男神・女神を示している神名
　　男神……伊邪那岐神、沫那芸神、頰那芸神、彌豆麻岐神
　　女神……伊邪那美神、沫那美神、頰那美神
- 「み」の語尾を有する男神
　　闇淤加美、大山津見、綿津見、月読、天之忍穂耳
- 出雲神話の「み」の語尾を有する男神
　　八島士奴美、淤迦美、国忍富、速甕多気佐波夜遅奴美、多比理岐志麻流美、比比羅木の其花麻豆美、美呂浪、布忍富鳥鳴海、天日腹大科度見
- 出雲神話の「み」の語尾を有する女神
　　布帝耳、鳥耳

　このように「み」の語尾を持つ男神が多いことから「き」が男性を示し「み」が女性を示しているとは言えないように思われる。

2 「み」の神々の解釈

さて出雲神話の「み」の神はその神名の意味が不明な神が多いのでこれらの神名について考察しよう。

淤加美・大山津見・海（綿）津見・月読（夜見）

これらの「み」美・見については『岩波古語辞典』（大野晋・佐竹昭広他編、岩波書店、1974年）には次のように説明している。

> み［霊］原始的な霊格の一。「海（わた）つ—」「月夜—」「山つ—」など。上代、カミ（神）このミとは別音で、直接の関係は認めがたい。

> み［見］〈上一〉 一①目をとめる。②眺める。③見物する。二①見て思う。②知る。③診断する。④試みる。⑤占う。⑥読む。三①世話をする。②観察する。

また「おかみ」については次の通り説明している。

> おかみ 岡や水辺にすむ竜蛇の神。水を司る神と信じられた。オカミのミは甲類、カミ（神）のミは乙類で別語。

これから淤加美・大山津見・海（綿）津見の「み」は霊の「み」であり、月夜見の「み」は見るの「み」であることが分かる。

国忍富

> 押し［押し］〈四段〉一（上や横から圧力をかける）①ぴったりと押さえつける。②（光りなど）上から押すように一面に注ぐ。③重みをかける。④（ものをしっかりと）はりつける。⑤印鑑をつく。二（ものの側面にぴったりついて）前方へ進むように圧力を加える。①（舟などを）進める。②（ある位置へ）進める。③（運勢などを）進める。④推量する。三①（威力を持って）圧迫する。

これから国押し富は国の富を押し進める神の意であることが分かる。

速甕多気佐波夜遅奴美
（はやみかのたけさはやぢぬみ）

　　たけ［竹］たけ。

　　さは［沢］水が溜まり草が生えている低くじめじめした土地。

　　さはに〈副〉たくさん。分量の多くあるさま。

　　ぬ［野］の「野」の上代東国方言。

　　やち［八千］八千。また数がきわめて多いこと。

　これから、「速甕の竹さは八千野霊」、竹のたくさん生えた野の神という意味であると思われる。

多比理岐志麻流美
（たひりきしまるみ）

　　た［田］稲を植える土地。

　　ひり（ひる）［干る］〈上代上二〉①乾く。②潮が沖の方へ退く。

　　きし［岸］①岩石など切り立ったところ。②みずぎわ。水際のがけ。

　　まる［丸・円］①丸い形。②城の中に幾重にも築かれた城郭。③まるまる。完全なこと。

　これから、「田干り岸まる見」田が干上がって田圃のみずぎわが丸見えの意味であることが分かる。

比比羅木の其花麻豆美
（ひひらぎそのはなまづみ）

　　ひひらぎ［柊］モクセイ科の常緑樹。葉にトゲがあり、節分の夜イワシの頭とともに門口にさす風習がある。晩秋に白色四弁の小花を開く。

　　まづ［先ず］①まっさきに。②なにはともあれ。③（否定文に用いて）どうにもこうにも。

　これから、神名の通り「ひいらぎのその花先ず見」となる。

美呂浪
（みろなみ）

　この神名は「見ろ浪」以外に解釈のしようがないようである。

布忍富鳥鳴海
<small>ぬのおしとみとりなるみ</small>

　ぬの［布］絹に対し植物の繊維で織った織物の総称。

　おし［押し］〈四段〉　一（上や横から）圧力をかける。①ぴったりと押さえつける。②（光りなどが）上から押すように一面に注ぐ。③重みをかける。④（ものをしっかりと）はりつける。⑤印鑑をつく。二（ものの側面にぴったりついて）前方へ進むように力を加える。①（舟などを）進める。②（ある位置へ）進める。③（運勢などを）進める。④推量する。三①（威力を持って）圧迫する。

　とり［取り・捕り］〈四段〉　一　ものの全体をしっかりと手中に収めて自分のものとする。①（手で）握る。②（獲物などを）捕らえる。③手中に収める。二　手を動かして物事を思うように操作する。①操る。②植えつける。③音楽に合うように拍子を打つ。③相撲をする。三　物事を手許へ引き寄せこちらの自由にする。①拾う。②（首などを）斬り取る。③奪う。④没収する。⑤除く。⑥人をつかまえる。⑦受け入れる。⑧身に負う。四事物をこちらの側の要求・規準に合うように決定する。①（長所・利点として）認める。②（都合の良い日や場所などを）選び定める。③（相手の状態などを）自分なりに解釈する。

　なるみ［鳴海］という言葉はなく、①鳴海潟という歌枕が記されている。②愛知県名古屋市に鳴海（鳴身・成海）という地名がある。③『延喜式神名帳』の中に次の「なるみ」および「たくみ」を見出すことができる。

　加夜奈留美（大和）、鳴海・成海（尾張）、宅美・託美（尾張）

　すでにこれらの神名は「Ⅲ『延喜式神名帳』の中の銅鐸神社」（P.93）において銅鐸を表していることを明らかにしている。

　また『古事記』の安寧天皇の和風諡号日子玉手見の玉手は瓊手であり銅鐸を現しており、玉手見の見るは面倒を見るあるいは世話をすることを意味していることから、銅鐸の管理者と考えられる。

　したがって、「たくみ」が［鐸霊］あるいは「鐸見」であるとすれば「なるみ」は「鳴る霊」あるいは「鳴る見」であると考えられる。

　これからこの神名は「布を推し進め富み銅鐸を受け入れる又は手中に取る」意となる。

Ⅴ　伊邪那美神は「いさな（鯨）見」神である

天日腹大科度見
あめのひばらおおしなどみ

　しなとのかぜ［科戸の風］（「しなと」の「し」は息、「と」は門で、風の吹き起こる所の意）風。

　これから神名は「天の日の腹である風の門から吹く風を見る」の意となる。

　これらの難解な出雲神話に登場する神々の神名はすべて日本語で成り立っており、日本語によって神名を解くことができると考えられる。

　ここで同じく大国主の神裔である日名照額田毘道男伊許知邇神を解いてみよう。
ひなてりぬかたびちをいこちに

　ぬか〈連語〉打消しの助動詞ズの連体形ヌに疑問の助詞カのついたもの。願望の意を表す。—ないものかなあ。—てほしい。

　い［斎］神聖であること。こち［東風］東の風。

　これから神名は「日が照ってほしいなあ、旅道をい東風に」となり、何だか歌の一節のように思われる。

3 『出雲風土記』の中の伊弉奈枳と伊弉那彌命

『出雲風土記』の中の伊弉奈枳と伊弉那彌命の記事は次の通りである。
・伊弉奈枳の真愛児にます熊野加武呂の命と、五百津鉏の鉏なほ取り取らして天の下造らしし大穴持の命と、二所の大神等に依さし奉りき。故、神戸という。
・千酌の駅、郡家の東北十九里百八十歩なり。伊弉奈枳の命の御子都久豆美の命、この所に坐せり。然れば都久豆美というべきを、今の人猶千酌と号くるのみ。
・古志の郷、即ち郡家に属けり。伊弉那彌の命の時、日淵河を持て、池を築造し給ひき。

これから伊弉奈枳命は『出雲風土記』に2回、伊弉那彌命は1回登場していることが分かる。そこで他の出雲神話の主神たちの登場回数を調べると次の通りである。

出雲神話の主神の登場回数

大穴持神	26	伊弉奈枳命	2
須佐能烏命	10	布都怒志命	2
神魂命	7	和加布都怒志命	2
八速水臣津野命	5	伊弉那彌命	1
阿遲須枳高日子命	4	大国魂命	1
		天夫比命	1

この表から記紀の神話では、国土を生成し多くの神々を産んでいる創造神であるに拘わらず、『出雲風土記』の中では非常に影が薄いことが分かる。

次に『出雲風土記』の中の女神は次に示すようにすべて比売または日女命となっている。

奴奈宜波比売、支佐加比比売、宇武賀比比売、

V 伊邪那美神は「いさな(鯨)見」神である

秋鹿日女（あきか）、天甕津日女（あめみかつ）、天美香梶日女（あめみかぢ）、綾門日女（あやと）、玉邑日女（たまむら）、八野若日女、和加須世理比売（わかすせり）、玉日女など

これから伊弉那彌命は男神であることが分かる。

以上の考察から次のことが分かる。

① 伊邪那岐・伊邪那美命は記紀では国土および神々を生成した創造神であるのに比して『出雲風土記』ではその片鱗の威光もなく、風土記の登場回数も2回と1回であり大穴持神の26回、須佐之男命の10回と比べると非常に影が薄い存在である。

② 記紀では両神は男女神のペアとなっているが、『出雲風土記』ではそれぞれ単独に登場しており両神がペアの神であることがどこにも述べられていない。

③ 更に『出雲風土記』の女神はみな比売・日女の何れかの女性名詞が付されており、伊邪那美命は比売・日女が付されておらず男神であると考えられる。

4　伊邪那美神

伊邪那美神の神名の意味

　ここで伊邪那美神の神名の意味について考察しよう。

　伊邪那岐は斎・鐸であり銅鐸神であることはすでに明らかにしており、「み」は女神を現していないことを明らかにした。また『出雲風土記』の記述からも男神であることが明らかになったのでこの神名について考察しよう。

　伊邪那美は『古事記』以外では『出雲風土記』に1回登場しており、次の通り記述されている。

　「古志の郷、即ち郡家に属かり。伊弉那彌の命の時、日淵河をもて、池を作り給ひき。その時古志の国人達、来たりて堤を作りて、やがて宿りし処なり。故、古志といふ」

　古志は現在の出雲市古志町・知井宮町。

　また『延喜式神名帳』の阿波国美馬郡に伊射奈美神社が記されている。

　「いさなみ」は「いさな」と「み」に分解でき、また「いさ」「なみ」に分けることができるが「いさ」という日本語がない。これは「いささ」、「ささ」の「小さい」という言葉と違っているように思われる。これから「いさな・見」以外の日本語が見当たらないことが分かる。

　いさな［鯨・勇魚］くじらの別名。

　更に『延喜式神名帳』越前敦賀郡に伊佐奈彦という神社が記されている。「いさな」彦は「鯨」彦であり、したがって「いさな・み」は「いさな・見」であり鯨を観察するという神名であると考えられる。

『万葉集』の「いさな取り」の歌

　ここで『万葉集』の「鯨取り」の歌について調べることにしよう。いさな取りの歌は長歌が多く、131〜339まではいさな取りの部分だけを記

すると次の通りである。
　131　柿本朝臣人麻呂の石見の国より妻に別れて上来し時の歌
　　　　鯨魚取り海辺を指して和多津の　　　　　　　　　（江津市角浦）
　138　勇魚取り海辺を指して柔田津の
　153　大后の御歌一首
　　　　鯨魚取り淡海の海を沖放けて
　220　讃岐の狭岑島に石の中に死れる人を見て柿本朝臣人麻呂の作れる歌
　　　　白波さわぐ鯨魚取り海を恐み行く船の　　　　　（香川県坂出市）
　366　角鹿津にて船に乗りし時に笠朝臣金村の作れる歌
　　　　越の海の角鹿の浜ゆ大船に真梶貫きおろしいさなとり　（敦賀市田結）
　931　車持朝臣千年の作れる歌
　　　　鯨魚取り浜辺を清みうちなびき生ふる玉藻に　　　（大阪市住吉）
1062　あり通ふ難波の宮は鯨魚取り海片つきて　　　　　　　　（長柄宮）
3335　鯨魚取り海道に出でて畏きや神の渡りは
3336　鯨魚取り海の浜辺にうらもなく
3339　鯨魚取り海路に出でて吹く風も
3852　鯨魚取り海や死にする山や死にする死ぬれこそ海は潮干て山は枯れすれ
3893　昨日こそ船出はせしか鯨魚取り比治奇の灘を興味見つるかも
　　　　　　　　　　　　　　　　　　　（播磨の響の灘というも不明）

　これらの歌に含まれている鯨魚取りはすべて海の枕詞であり、実際の捕鯨の歌ではなく様々な地方の海が歌われている。この中で実際捕鯨が行われていた地方は人麻呂の岩見の歌の江津市角浦と笠朝臣金村の角鹿津の歌の敦賀市田結の日本海沿岸地方ではないかと考えられる。したがって出雲市古志町の伊弉那彌の命の説話と『延喜式神名帳』越前敦賀郡の伊佐奈彦神社は何れも捕鯨に関係のある「いさな・見」を表していると考えられる。
　ところで『延喜式神名帳』にある阿波国美馬郡の伊射奈美神社は美馬郡は徳島県の海岸ではなく内地に入りこんでいて捕鯨とは関係がなく出

雲と交流があったことを示しているのではないかと推察される。

5　比売の美称がない女神

『古事記』と『日本書紀』の神話の中で比売の美称がない女神は次の通りである。

『古事記』	『日本書紀』
妹須比知邇（いもすひぢに）	沙土煮
妹活杙（いもいくぐひ）	活樴
妹大斗乃弁（いもおほとのべ）	
妹阿夜訶志古泥（いもあやかしこね）	吾屋惶根
妹伊邪那美	伊奘冉
沫那美（あわなみ）	
頬那美（ほはなみ）	
野椎（のづち）	野槌
天照大神	天照大神
手名椎（てなづち）	手名乳

須佐之男命の神裔
　天之都度閉知泥、布帝耳

大国主の神裔
　鳥耳、日名照額田毘道男伊許知邇（ひなてりぬかたびちをいこちに）
　葦那陀迦（あしなだか）（八河江比売）、遠津待根

大年神の神裔
　夏高津日（夏之売神）

次に『古事記』・『日本書紀』・『風土記』の中の比売と比売の美称がない女神の割合を求めると次表を得る。

	比売	比売がない女神	計	比率
『古事記』	51	10	61	16.4%
須佐之男の神裔	4	2	6	
大国主の神裔	10	4	14	
大年神の神裔	9	1	10	23.3%
『日本書紀』	38	7	45	15.6%
『常陸風土記』	7	0		
『出雲風土記』	13	0		
『播磨風土記』	19	0		

　上表からこれらの比売の美称がない女神は『古事記』によって生じていると考えられるので、『古事記』の比売のない女神について検討しよう。

「根」の語尾の付く男神

　「根」の語尾の付く男神は次の通りである。

　　久久之若室葛根神［記］天津日根・活津日子根・阿遅鉏高日子根・伊伊常根津日子呂泥・御真津日子河恵志泥［記紀］味師内宿禰・建内宿禰・八代宿禰・小柄宿禰・石河宿禰・都久宿禰・木角宿禰・若子宿禰・垂見宿禰・讃岐垂根・大筒木垂値・志夫美宿禰・息長宿禰・（伊理泥［記］）神大根・出雲振根・物部十千根・飯入根・根臣・根王［紀］

　これらの例から「根」の語尾の付く名前は男性であると考えられる。したがって妹阿夜訶志古泥・天之都度閇知泥・遠津待根神は男神であると思われる。

「美」の語尾の付く男神

　「美」の語尾の付く男神は次の通りである。

　　大綿津見・闇於加美・意富加牟豆美・綿津見・八島士奴美・速甕の

多気佐波夜遅奴美・多比理岐志麻流美・比比羅木の其花麻豆美・布忍富鳥鳴海・天日腹大科度見・穂穂出見（火火出見）・師木津日子玉手見

すでに述べているように伊邪那美はいさな（鯨）見の神であり、沫那美・頰那美は『日本書紀』の神話に記されておらず、『日本書紀』は一書に淡蕩尊(あわなぎ)は伊弉諾尊(いざなき)の父と記している。

したがって沫那美・頰那美は伊邪那岐・伊邪那美両神に併せて銅鐸神沫那芸・頰那芸の女神を作為したと考えられる。

「耳」の語尾の付く男神

天之忍穂耳・須賀八耳・当芸志美々（耳）・岐須美々（耳）・神八井耳・神沼河耳・陶津耳［記紀］玖賀耳之御笠・御鉏友建日子［記］大耳・息石耳・太耳［紀］

これから鳥耳及び布帝耳は男神であると思われる。

「ち」の語尾の付く男神

天（国）之久比奢母智・天之狭土［記］久久能智・国之狭土・火之加具土・加具土［記紀］

これから野椎・手名椎は男神であると思われる。

「ひ（日）」の語尾の付く男神

甕速日・樋速日・八十禍津日・神直日・大直日・天穂日・熊野楠日［記紀］大禍津日［記］

これから夏高津日は男神であると思われる。また活杙は角杙と同じく男神であると思われる。

「べ（弁）」の語尾

妹大斗乃弁は『古事記』では「妹」が付されて女神であるが、『日本

書紀』では大戸乃辺は男神であり、この神も男神と考えられる。
　以上から『古事記』は天照神と伊邪那美神を女神にすべく多くの比売の美称のない男神を女神にして、この両神が女神であることを奇異に感じないように手を加えていると推察される。

6　結　び

　すでに「Ⅳ　記紀の神話の比較」(P.119)において『古事記』は倭国の素朴な神話の中に銅鐸神（中主・常立・底立・面足・綾惶音・斎鐸・大穴持・日子神など）を挿入混合し、火神被殺、黄泉の国、禊と神々の化生などの説話を創作して付け足した和銅の神話であることを明らかにした。
　ここで更に伊邪那美神の神名の考察によって次のことが分かった。
・いさなみ神はいさな（鯨）見神であり、鯨を見張るいさな（漁業）の神である。
・『古事記』は比売の美称のない天照神・伊邪那美神を女神にしたため、数多くの比売の美称のない神々を創作している。
・『古事記』は全国から収集した神名の中に「いさなき」と「いさなみ」という出雲神話の中の語呂の似通った両神を発見し夫婦とし、銅鐸神である斎鐸神を創造神高御産巣日神（天産日神）の代替として挿入している。
　伊邪那岐神は出雲風土記の中の出現回数から見ると5番目で神格が低く創造神の資格がないと考えられる。

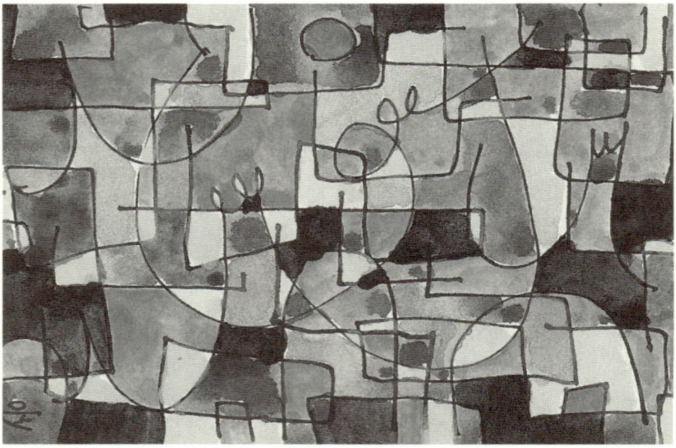

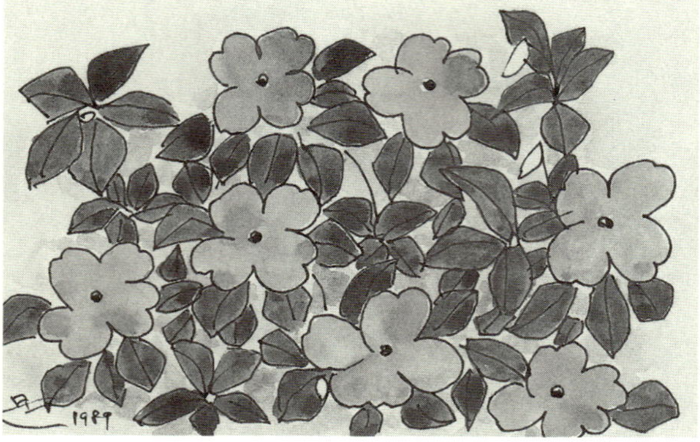
1989

古代史雑感

記紀を読みただ解釈するだけでは科学にはあらず解体すべし

簡単な推計学の初歩さへも古代史学者は解せざりけり

自由なる意見交わして議論する場のなき古代史は生ける屍

まさに今斎鐸神を議題にし論戦わす時にあらずや

ああ遂に記紀の関門打ち砕き倭国への道を開きけるかな

神名の解釈こそは古代史の最も基礎の究明項目

神名は文明開化の兆しにて古代文学の芽生えなりけり

かのルソー自然に帰れと叫びけり日本古代史よ！倭（俀）国伝に還れ

磐座というのは鐸を安置せし石の社の通称なるらん

立・伊立・石立・底立・朝立は立てて祀りし斎鐸の神

大神は山形・山口・石立の大きい容姿を形容せし神

多久・宅という文字ありて鐸日子は弥生のモダンな外来語なり

朝鮮の小さき馬鐸はずんずんと大きくなりて大神となる

生根・日根・堤根（つつみね）・須美根（すみね）の根は音なり立田埋（たたうめ）

根（ね）は田に立つ斎鐸

阿波の国天都賀佐比古は玖賀耳之御笠と同じく帽子の斎鐸

高角（たかつの）と角避比古（つのさり）は近畿式と三遠式銅鐸を現している

高き角は滋賀県野州町小篠原の突線鈕式大銅鐸なり

小判形の大きな鈕（ちゅう）に三個の双頭渦巻文の飾耳ありけり

三遠式は愛知県より出土した鈕に耳なき大銅鐸なり

この鐸は耳の横帯の凸線が鰭の上まで伸び出している

19　古代史短歌——日子国・倭国・日本

前付しけり

打ち衝けば鳴る・鳴き・さなき・とどろくを社の名前に留めおりけり

打つ醜男打つ醜女あり斎鐸は男も女も打ちて祈りし

建内の宿禰ははげしく斎鐸打ち鳴らすさまを現している

味師内宿禰は巧みに斎鐸を打ち鳴らすさまを現している

都久宿禰・千々都久和比売も同様に鐸衝くさまを現している

山口は山の如くにそそり立ち底に口持つ斎鐸をいう

開口は大口・小口・口の神山口をさらに単純化している

片山は形が山のごとくにて立てて眺める斎鐸をいう

片山は山形・御形・大形とその表現が変化している

朝に立つ労働神はみやしろの磐座の上に祀られにけり

磐座は石床・大椋・石鞍比古・大衝磐座・朝倉曙立

女神ではない

天照神も比売という美称なく男神であり女神ではない

天照・高見産巣日の両神は天・日の文字が名の中にあり

この故にいさなき・いさなみ両神が天照神の父母とは言えない

産日とは日を産むという意味であり天照の父は高見産巣日神

もうそろそろ斎鐸を論ず人々が現れ出ずる頃と思えり

『延喜式神名帳』の銅鐸神社

銅鐸の絢爛華麗な文化の残映『延喜式神名帳』に残されている

（旋頭歌）

何人も注意せざりし『延喜式神名帳』に鐸日子神社

銅鐸の言葉と文化は弥生期の平易な口語で語られている

文字のなき弥生時代のものの名は易しく短い言葉からなる

そのものの特徴とらえ異なった角度から見て名

記紀偽書となる

「いさなき」を斎鐸と解けば記紀ともに偽書なることが明らかとなる

いさなみは「いさな」見神と解きにけりいさなは鯨(いさな)見は見張るなり

斎鐸といさな見神をならべしは『古事記』作為の傑作なりけり

『出雲国風土記』のなかの各神の登場回数を調べてみよう

各神の登場回数の詳細を多い順番に並べてみよう

大穴持(26) 須佐乃烏(10) 神魂(7) 八速水臣津野(5) 阿遲須枳高日子(4) 伊佐奈枳(2) 伊弉那弥(1)

大穴持26回 須佐乃嗚10回 神魂7回 いさなき2回 いさなみ1回

このように神格低きいさなきが創造神とは考えられない

いさなきといさなみ神は別々に風土記のなかに登場している

『出雲国風土記』のなかのいさなきといさなみ神は夫婦にあらず

いさなみの神は比売という美称なく男神であり

欽明の十九年には九州年号「兄弟」という元号がある

兄珠勝弟淳中倉太珠敷の兄弟に兄天・弟日の世襲を命ぜり

兄弟が兄天弟日を世襲して三代のちに破局来れり

弟日天智兄天の王権を簒奪し倭国を改め日本と称す

壬申の乱で天武は天智の子大友を殺し倭国再建

天武死す持統直ちに使者に命じ大津を捕らえ死を賜れり

いさなぎ・いさなみ神

「いさなき」は斎鐸神と主張して早や十七年が過ぎにけるかな

いさなきは斎鐸なりと高らかに歌えどこれに答える人なし

八十五万べん辞書を引けども「いさなき」に斎鐸以外の日本語はなし

「いさなき」は斎鐸なりと確信す他に日本語の言葉なきゆえ

斎鐸を肯定せぬ理由わかりけりイエスと言えば

仲哀は対新羅戦で敵の矢に当たりて忽ち戦死せしなり

倭王旨は受胎のときに天神地祇が三韓の国を授けたまえり

三韓の国を授かりし応神は初国知らしし天皇である

允恭は宋書倭国伝の済王で星川皇子の反逆で死す

この故事は宋書倭国伝の倭王武の上表文に記されている

「亡考済、控弦百万、大挙せんと欲せしも俄(にわか)に父兄を喪へり」と

武烈王は桀紂に比すべき残忍な暴君ではなく名君である

名君の武烈は近江毛野臣の反逆にあい命を落せり

武烈の死は継体二十五年『日本書紀』の或書の中に記されている

「日本の天皇及び太子・皇子倶(とも)に崩御りましぬといえり」

この変で兄天王家の血統がこのとき始めて断絶している

兄天の血統絶えて欽明は兄弟皇子に天日を頒(わか)て り

14

『旧唐書倭国日本伝』にその解が明々白々に記されている

「日本国は倭国の別種もと小国倭国の地を併せたりと」

みくまりの水の湧き出る如くにぞふと思い付きが浮かび上がれり

敏達帝は利歌弥多弗利の弟日にて兄天の在位を交代している

山背王は利歌弥多弗利の身代わりでその死は倭国の滅亡である

孝徳は屯倉と品部を廃止して兄天の領土を没収している

天智帝は兄天王位を簒奪し倭国の領地を合併している

皇極と孝徳の諡号には天と日の称号が共に含まれている

兄天の領地は弟日の領地より大きいことは当然である

弟日王が兄天亡ぼしその領土合併したので天日を併用

―― 倭国の大事変 ――

倭の国の兄天王の不慮の死は仲哀・允恭・武烈の三王

13　古代史短歌――日子国・倭国・日本

第二には多利思北孤の父珠勝と敏達の子押坂彦人を消去している

第三に兄天弟日の執政を嫡子相続に置き替えている

第四に中大兄の兄天の王位簒奪を隠蔽している

第五に弟優位の思想盛り天智の不義を弁護している

第六に神話の中に銅鐸の神々を多数ばら撒いている

第七に倭国を大和王朝に置換え欠史八代を挿入

第八に九州年号を抹消し各王の即位を任意に変更

最後に大和王朝は倭国伝の倭国ではないと公言している

この故に倭国伝の遣隋使を遣唐使記事に改ざんしている

孝徳と斉明帝の諡号には天日の称号が共存している

天日の称号の併用

この理由考え続け分からずに十七年が過ぎ去りにけり

応神は末弟の菟道稚郎子に王位を譲ることを望めり

兄殺し

弟の綏靖帝が兄に変り義兄手研耳を射殺している

仁徳は大山守と根鳥王を反逆の罪で攻め殺している

反正は兄仲皇子を刺領巾に厠のなかで殺させている

安康は兄木梨王を攻め殺し眉輪王に殺されている

雄略は兄黒彦と白彦と市辺押磐の三人殺せり

清寧は謀反のかどで弟の星川皇子を焼き殺している

綏靖・仁徳・反正・安康・雄略は兄を殺して王位継承

天皇の兄弟殺しは記紀のなか日常茶番のお祭りである

倭国史改ざん

第一に阿毎多利思北孤と利歌弥多弗利をいの一番に抹殺している

なり

第三に弟王が順々に王位をついで二代・三代ありけり

第四に大王が死ぬと皇后が王位を引き継ぐ二例ありけり

弟優位思想

神代では火々出見命から急転し弟優位に変化している

山幸は塩満珠を使用して兄海彦を服従させけり

弟の山幸は兄の海幸を用心棒として従えている

兄五瀬が戦死したので弟の神武が始祖の王となりたり

綏靖紀兄八井耳は臆病で手研耳を射殺せざりき

弟の渟名川耳が兄に変り義兄手研耳を射殺している

欠史八代このなかで兄と弟が半分半分王位継承

崇神紀では兄弟の夢を判断し弟活目が王位継承

垂仁紀欲しきを言えと兄弟に問い弟大足が王位継承

景行紀大碓・小碓の説話あり兄意気地なし弟日本武

『日本書紀』は倭国の滅亡を蘇我父子の専横と誅殺に置き換えている

この事実を隠蔽すべく倭の国を大和王朝に置き換えている

倭の国は兄弟執政これに反し大和王朝は兄殺しの王朝

山背大兄と田村皇子は謎めいた遺詔で王位を争っている

兄天の王位簒奪を従兄弟の相続争いに転化している

亡

山背王は蘇我入鹿に襲撃され一家こぞって自殺している

山背王は俀国伝の阿毎多利思北孤・利歌弥多弗利の後継者である

大化改新は兄天王家の滅亡を蘇我一族に置き換えている

━━ 大和王朝

そらみつ大和王朝の特色は世に珍しき王位継承

第一に弟王が兄王を攻めて殺して王位継承

第二には弟王が兄王より優れているという思想

9　古代史短歌──日子国・倭国・日本

（六四五）大化元年中大兄蘇我入鹿を暗殺し蘇我蝦夷は自殺している

（六四六）大化二年孝徳は大化改新まず官司の屯田品部を廃止している

（六四八）大化四年日本は倭国の別種旧小国倭国の地を併せたり
（『旧唐書倭国日本伝』）

孝徳と斉明の諡号に天と日の称号が共に含まれている

―――― 大化改新の解明

俀王は天を以て兄となし日を以て弟となすと記されている
（『隋書俀国伝』）

倭の国の一大特徴は兄天と弟日王との兄弟執政なり

倭の国の兄天弟日を神武から配列すれば次の通りなり

利思北孤―利歌弥多弗利

兄天 神武―仲哀―応神―仁徳―履中―允恭―安康―雄略―武烈―欽明―箭田珠勝―阿毎多利思北孤―舒明

弟日 景行―崇神―垂仁―成務―反正―清寧―顕宗―仁賢―継体―安閑―敏達―押坂人彦大兄

弟なる中大兄の兄天の王位簒奪こそ古代史の要

兄天なる山背大兄の滅亡こそ兄弟王朝倭国の滅

古代史短歌　日子国・倭国・日本

あゝ、遂に日本は小国倭国の地を併せたりを解きにけるかな

古代史のなかの最大なる事件それは倭国の滅亡である

この事変は旧唐書倭国日本伝に次のように記されている

日本国は倭国の別種もと小国倭国の土地を併せたりと

この情報は貞観二十二年孝徳の大化四年に該当している

大化改新

古代史の秘密を暴き解く鍵は大化改新に秘められている

皇極から孝徳に到る『日本書紀』の年次と事件を次に示そう

(六四三)
皇極二年蘇我入鹿山背大兄を襲撃し大兄は斑鳩寺で自殺している

因襲の定説のもと斎鐸と大穴持は無視のままなり

大き穴持つ銅鐸は大穴持と原田先生すでに喝破す

十七年間誰も論駁せぬ故に斎鐸なりといよよ確信

物質の究極極める学問と同じなりけり古代研究

青年よ好奇に目覚めよ斎鐸の論戦わす時ぞ来にけり

斎鐸が日本古代史の常識となるまで一途に説き続けなむ

斎鐸宣言

いさなきは斎鐸の意にあらずやと問えど答えるの意分かれり

人なきは淋し

いさなきは斎鐸なりと解きたれど無視黙殺が不思議でならない

に黙殺

八十五万べん辞書を引けども日本語に斎鐸以外の言の葉はなし

誤りを論駁できねど正しいと認めるべからず故

いさなみはいさな(鯨)見なりと解きにけり鯨を見張るいさり神なり

斎鐸に最も反対する人は日本古代史のオーソリティなり

何ゆえに斎鐸・常立を論駁しやっつけないかぞ

因襲の定説のもと斎鐸を未だに議論する人はなし

因襲の定説のもと斎鐸は無議論無認可無視のままなり

対象性破れと言うのは心臓が左にあるのと同じだという

ビック・バン百五十億年前の物質の起源は妙なる神話なりけり

クォーク後のCP対象性の破れはカミオカンデのニュートリノなり

八十五万匹のオワンクラゲを採取して蛍光蛋白質を発見しけり

オワンクラゲが何故光るのかひたすらに追いてその謎解きにけるかな

下村教授のGFPの探求は一〇ナノメートルの世界なりけり

一週間考え続け発光を止める方法を考えしという

難しい仕事も途中であきらめずやりぬくべしと下村先生

我もまたひたすら古代を追い求め銅鐸の闇に光り当てたし

ノーベル賞賛歌

オリンピックの金賞よりもノーベル賞千万倍も嬉しかりけり

「嬉しいけど嬉しい」と南部先生

追い山のごとすさまじき興奮の胸に迫れるこの喜びは何

倭の国の知のもののふの三人はノーベル賞に輝きにけり

頭脳・紙・ペンのみ用い三巨人物質の究極の理を究めけり

「待っていたわけではないし何故今か分からないけど嬉しい」と南部先生

益川教授風呂に入りて湯がわくごとく六個のク(川)オークのアイデアを得し

湯川理論を引継ぎ南部・益川・小林教授対象性破れ理論を確立しけり

「三十五年も前の仕事でノーベル賞人ごとみたいだ」と益川先生

一京分の一センチメートルの真殿(神)は六つのクォークと知りにけるかな

古代史短歌

日子国・倭国・日本

ノーベル賞賛歌…3
斎鐸宣言…5
古代史短歌 日子国・倭国・日本…7
大化改新／大化改新の解明
大和王朝／弟優位思想
兄殺し／倭国史改ざん／天日の称号の併用
倭国の大事変／いさなぎ・いさなみ神
『延喜式神名帳』の銅鐸神社／古代史雑感

吉田　舜（よしだ・しゅん）
昭和4年10月29日、北九州市八幡東区枝光に生れる。
昭和21年3月、福岡県立小倉中学校を卒業。
同年、三菱化成株式会社に入社。
平成2年4月、同社退職。
【著書】
『古事記は銅鐸を記録している』（1991年1月）
『書紀と九州王朝』（1992年6月）
『九州王朝一元論』（1993年9月）
『記紀・万葉を科学する』（1995年7月）
『書紀漢籍利用の推計学的研究』（1997年6月、以上葦書房）
『狂人日記』（2004年8月）
『「天・日」の称号と「豊」の美称——倭国の証明』（2004年9月）
『記紀と推計——不問のままの三つの消滅　磐余・日子名称・倭国』
　（2007年1月、以上海鳥社）
現住所＝福岡県中間市扇ケ浦4丁目17-1

日子国・倭国・日本
記紀の大和王朝はなかった

■

2009年10月29日　第1刷発行

■

著者　吉田　舜
発行者　西　俊明
発行所　有限会社海鳥社
〒810-0072　福岡市中央区長浜3丁目1番16号
電話092(771)0132　FAX092(771)2546
http://www.kaichosha-f.co.jp
印刷・製本　大村印刷株式会社
ISBN978-4-87415-749-7
［定価は表紙カバーに表示］

吉田 舜 の本

記紀と推計

A５判／並製／200頁／定価（本体1600円＋税）
2007.1 ISBN978-4-87415-603-2

不問のままの三つの消滅——磐余・日子名称・倭国

推計学により確率を求めると記紀の作為が明らかになる

「用明〜孝徳紀の年間無記録月の統計によれば、皇極元・２年はその数が急に減少し、０と１になっている。この確率を求めると、ほとんど０に近く、この事象が起こり得ないことが分かる。従って、皇極紀の蘇我氏の専横記事は作為されていると考えられ、更に大化改新は草壁皇子即位時の大化年号を転用していることから、弟日大王天智による兄天大王の王権簒奪を大化改新にすり替えていることが分かる」（本書より） 本書掲載小説「不比等と安万侶」では、嘘の史書『古事記』成立の過程を明らかにする。

「天・日」の称号と「豊」の美称

倭国の証明

四六判／並製／242頁／定価（本体1500円＋税）
2004.9 ISBN4-87415-495-6

「兄天・弟日」大王の兄弟執政であった倭国を復元する！

「俀王は天を以って兄となし、日を以って弟となす」（「隋書」倭国伝より） 中国正史倭国伝に明記されていた倭国。記紀により改竄された大和王朝の系譜の矛盾を、和風諡号により解き明かし、天皇の年齢・在位年について推計学的解析を行い、被葬者不明の巨大古墳の謎を鮮やかに証明する。第２部では、記紀に登場する神名・人名を考察し、多くの銅鐸神を見出す。自然への敬虔な祈りと日々の労働の喜びを象徴した豊かな銅鐸文化の存在を伝える。

狂人日記

四六判／並製／238頁／定価（本体1000円＋税）
2004.8 ISBN4-87415-492-1

記紀は銅鐸を記録している！

・打って鳴らす銅鐸＝斎さなき神、面垂る神、綾かしこ音神
・置いて眺める銅鐸＝床立神、底立神、立田神、丹波の日子立たす主人王
・その他＝天の集へ千音神、大穴持神

銅鐸および日子名称探求の日々の、苦悩と喜びを語る。卒一郎先生は「狂人」呼ばわりしているが……。